「授業研究」を創る

教師が学びあう学校を実現するために

鹿毛雅治・藤本和久 編著

秋田喜代美・大島崇・木原俊行・
小林宏己・田上哲・田村学・
奈須正裕・藤井千春 著

教育出版

著者一覧（＊…編著者）

＊鹿 毛 雅 治　慶應義塾大学　（第1章）
＊藤 本 和 久　慶應義塾大学　（第2章）
　大 島　　崇　大分大学　　　（第3章）
　小 林 宏 己　早稲田大学　　（第4章）
　木 原 俊 行　大阪教育大学　（第5章）
　田 上　　哲　九州大学　　　（第6章）
　藤 井 千 春　早稲田大学　　（第7章）
　奈 須 正 裕　上智大学　　　（第8章）
　田 村　　学　國學院大學　　（第9章）
　秋 田 喜代美　東京大学　　　（第10章）

はじめに

「教師」が変われば「授業」が変わる。「授業」が変われば「子ども」が変わる。「子ども」が変われば「教師」がさらに変わる。「教師」がさらに変わると「授業」もさらに変わる。「授業」がさらに変わると「子ども」がもっと変わる。「学校」はこのような循環によって自ずと変わっていくのである。

　これは私の敬愛するある校長先生（当時）の言葉である。教師自らが変わることを起点として授業が変化し、そのことによって一人ひとりの子どもの学びや成長が促され、ひいては学校改革が実現するというダイナミックなプロセスがわかりやすく表現されていて、味わい深い。それは、授業に向かい合う教師の変容こそが、学校教育改革の起点なのだというメッセージにほかならない。

　何といっても「授業」は学校教育の中核である。教師にとっても、子どもたちにとっても、学校で過ごす時間の多くを授業に費やしているし、授業を通して子どもたちを育てるという学校教育のはたらきを否定する人はいないであろう。このことから日本において、校種や公私立といった違いによって程度の差はあれ、教師たちが勤務校で行う「校内授業研究」が教師の力量形成の中核的な活動として定着しているのは自然な帰結であり、しかもそれを意義のある効果的なアプローチとして認めることができるだろう。その証拠に、日常的な授業のひとコマを同僚に開き、授業のあり方を協同的に探求する日本の伝統的な教師研修の形態は、海外では「レッスン・スタディ（Lesson Study）」の名称で知られ、国際的に高く評価されている。

　その一方、日本のすべての学校で校内授業研究が充実した活動として展開しているかというと、必ずしもそうではない。教師の多忙化が叫ばれて久しいが、授業が優先順位の高い教育活動であるにもかかわらず、他の多岐にわたる業務によって疲弊してしまいがちで、教師たちが授業準備に労力を割くことができず、その結果として授業自体が貧しくなるという本末転倒な事態さえ起こって

いる。ましてや授業研究に時間をかけるなど論外だという本音もあるだろう。

本書は、授業研究をめぐるこのような現状を踏まえ、「一人ひとりの子どもの学びや成長を促すための教師の学びや成長を支える研修システム」として授業研究をあらためてとらえ直し、その活動を充実、発展させるための条件や課題、あるべき方向性などについて具体的に検討していく。また、本書の執筆者は各学校の授業研究を支える役割を担ってきた大学研究者（大学に勤務する研究者で、現職教員の経験を経た方々も含む）である。学術的な専門性を背景に持ちつつ、学校外部からの助言者という立場で授業研究に関わってきた経験を踏まえて、授業研究のあり方について論じていく。

まず、第1部「授業研究を問う」では、授業研究をめぐる現状を振り返りつつ、その問題や課題を描き出し、今後向かうべき方向性を提言する。第2部「授業研究に臨む」では、大学研究者三名が、授業研究に向き合ってきた自らの体験に基づいて授業研究という営みを意義づけるとともに、その具体的なあり方について提案する。さらに第3部「授業研究に期待する」では、授業研究を知悉する三名の執筆者が、子ども、教師、学校というそれぞれの視点から授業研究への期待を語る。第4部「授業研究を展望する」では、本書のまとめとして、授業研究の実情や動向を国際的な視野から考察し、あらためて授業研究の意義や課題を確認する。

なお、本書では「授業研究」という用語を「同僚による授業参観を中核とした校内授業研修」という意味で用いる。授業研究という語は、実際には多義的に用いられており、広義には授業を対象とした大学研究者による研究全般や、教師が個人的に行う研究、研究者と実践者の共同研究をも意味し、必ずしも一つの学校内における授業研修（校内研修としての授業研究）だけを指しているわけではない。また、各学校における校内研修には、ここでいう授業研究だけではなく、授業参観を含まない授業研修や、授業を対象としない研修もあるだろう。あくまでも本書では上記の意味での授業研究を扱っているという点に留意されたい。

授業研究には多様な形態がある。元来、授業研究は各学校の教師たちによっ

て主体的に営まれる活動であり、「部外者」である本書の執筆者たちが、その具体的なあり方の「正解」を明示することなど不可能である。したがって、本書では、唯一絶対の「答え」が提案されているわけではない。つまり、「よりよい授業研究とは？」という問いは、答えが決して一つに定まらないオープンな問題提起にほかならず、本書を通じて、授業研究に関心を寄せる当事者（すなわち、読者）がその営為を振り返り、今後の見通しを具体化することの一助になればと考える。また、本書はいわばオムニバス形式になっており、各章の内容は独立している。最初から順に読み進める必要はない。読者の関心に応じて、興味の赴くままに自由に目を通していただければ幸いである。

　ここであらためて、「研修」という言葉の意味に注目してみたい。今や手垢にまみれた言葉になってしまっているが、元来、研修とは「研究」と「修養」の複合語であり、そこには研究という意味に加えて、修養、すなわち、教養や見識に磨きをかけることを通じて、教師として人間的成長を遂げていくプロセスという意味が含まれている。教師ならではの専門性の基盤がこのように培われると考えるならば、授業研究という営みはまさに「研修」であり、この観点からその重要性を再確認することができるのではなかろうか。

　本書が授業研究の充実と発展に何らかの寄与することを通して、子どもたちと教師たちのよりよい学びと成長に少しでも貢献するならば、編者の一人としてそれ以上の喜びはない。各学校で校内研修に関わる先生方や教育委員会の指導主事等の方々、さらには授業研究に関わる機会のある大学研究者をはじめ、授業研究に関心を寄せるすべての皆様に読んでいただき、本書の内容を授業研究のあり方についての検討に活かしていただければ幸いである。また、忌憚のないご意見やご批判を賜ることも含め、本書を契機に授業研究に関する議論が深まっていくことを切に願っている。

　　　2017年9月

　　　　　　　　　　　　　　　　　　　　　　　　編者を代表して
　　　　　　　　　　　　　　　　　　　　　　　　　鹿毛　雅治

目　　次

はじめに

第1部　授業研究を問う
第1章　授業研究を創るために …………………………………………… 2
　1．なぜ「授業研究」か　*2*
　2．授業はどう創られるか　*6*
　3．省察をともに深めるために　*11*
　4．授業研究を創るために　*22*
第2章　授業研究の主体は誰か
　　　　　―当事者が主体となる授業研究の実現のために― ……………… 25
　1．授業研究につきまとう「問題」　*26*
　2．「授業研究」をめぐる虚像　*27*
　3．「授業研究」で教師が主体となり学ぶことを支える理論　*32*
　4．当事者が主体となる授業研究　*39*
　5．むすびに　*43*
第3章　教師は授業研究をどう経験するのか ……………………………… 46
　1．教師の成長を促す授業研究とは　*46*
　2．当事者が主体となる授業研究はどのようにして行われるのか　*48*
　3．当事者が主体となる授業研究を教師たちはどう経験したのか　*54*
　4．授業研究の3年間のプロセスを通して見えてきたもの　*65*

第2部　授業研究に臨む
第4章　実践経験者から生み出される授業記録と意味解釈 …………… 72
　1．授業の何を、どこから見るか　*72*
　2．授業を記録にとる　*73*
　3．手書きの授業記録に記されるもの　*74*
　4．学習指導案に描かれた目標と主な活動内容　*82*
　5．記録に基づき紡ぎ出す授業研究協働者としての語り　*84*
　6．子どもとともに、教師も学び合う関係性の構築を　*91*
第5章　教師と研究者の対話に基づく校内研修の充実 ………………… 93
　1．教師たちの学びの舞台としての校内研修　*93*
　2．教師たちの学びへの大学研究者の関与　―校内研修にどう接近するか―　*98*
　3．大学研究者が授業研究に関与する際に　*103*

第6章　子どもの思考と人間形成に視座をおく
　　　　　徹底した授業分析の視点から学ぶ ……………………………… 114
　　1．授業分析とそれを支えるもの　115
　　2．授業分析における抽出児　122
　　3．事例からみた子どもの思考と人間形成の問題　125
　　4．一人ひとりの子どもが独立した人間として生きる授業　131

第3部　授業研究に期待する
　第7章　子どもの生き方の連続的発展
　　　　　—「子どもの学び」の観点から— ……………………………… 136
　　1．「子どもの学び」とは　136
　　2．「子どもの学び」の文脈の顕在化　136
　　3．子どもの発言の「根」を洞察し共感する　137
　　4．「芽」を読み取り、伸ばす　138
　　5．学習指導と生活指導との一体化　139
　第8章　個性的存在として今この時を生きていることを語り合う
　　　　　—「教師の学び」の観点から— ……………………………… 140
　　1．よい授業への筋道は無限に存在している　140
　　2．自らの視点位置を授業者へと移動して授業を語る　141
　　3　統一的な人格、歴史的な存在として子どもを見つめる　142
　第9章　「授業研究」の質的転換
　　　　　—「学校の学び」の観点から— ……………………………… 144
　　1．意識の転換　144
　　2．固有名詞で語る　145
　　3．代案を提案する　146
　　4．協議の場をデザインする　146
　　5．「授業研究」が学校を創る　147
　　6．学び合いをファシリテートする　148

第4部　授業研究を展望する
　第10章　日本の授業研究の独自性とこれから ……………………………… 150
　　1　はじめに：2つの出来事　150
　　2　授業研究の発展と学びの理論　152
　　3　授業研究の実際　158

おわりに

第1部　授業研究を問う

第1部では、授業研究のあり方について考えていきたい。また、授業研究が教師の学びとどうつながっているのかについても検討する。時間的・精神的多忙感が支配する中で、授業研究は、どこか「やらされ仕事」の感をぬぐい切れぬまま、結果的に負担増としてとらえられているという現状がある。当事者である教師たち（とりわけ授業者）が、その意味を見失い、自らの学びと結びつくことが見通せないという先入観やあきらめから抜け出すにはどうしたらよいのだろう。ここでは、授業研究の目的を問い直し、その主体である教師の省察が起きるための仕掛けとそれを通じた実際の教師たちの学びの足跡などを検討しながら、本書全体でゆるやかに共有されている授業研究像を示していこう。

第1章
授業研究を創るために

 1．なぜ「授業研究」か

(1) 何のため、誰のための授業研究か

 そもそも、なぜ「授業研究」を大切にすべきなのだろうか。まずこの点について考えるために、「何のための授業研究か？」、そして「誰のための授業研究か？」を問うことからはじめてみよう。
 まず、「何のための授業研究か？」という問いであるが、その答えは自明だろう。よりよい授業をつくるためであり、そのような授業を通して目の前の子どもたちのよりよい学びや成長を実現するためであろう。ここでは、「子どもたちのよりよい学びや成長を実現する」という後者の目的の方がより本質的だという点を確認しておきたい。子どものよりよい学びや成長が実現しない授業は決して「よい授業」とはいえない。よい授業の実現は子どもの学びや成長の手段にすぎないからである。その意味から「一人ひとりの子ども」という観点も強調すべきだろう。同じ授業であっても、学びのプロセスや成果は個々の子どもによって全く異なっている。授業について検討する際には、教師に都合のよい子どもだけを取り上げるのではなく、すべての子ども「一人ひとり」について思いをはせることが不可欠である。
 「誰のための授業研究か？」という問いに対する答えは以上のことから導かれる。いうまでもなく、よい授業の恩恵を受けるであろう目の前の子どもたち一人ひとりのためである。ただそれと同時に、授業研究はよりよい授業を実現しようとする教師の力量形成の過程でもある。しかも、よりよく学ぶ子どもた

ちの姿を目の当たりにすることが彼らのプロとしての喜びそのものであることからも、教師自身のためなのだといえる。以上のように考えてみると、授業研究という営みにおいて、子どもたちと教師との間には互恵的な関係があることがわかる。

　以上のとおり、「なぜ授業研究か？」という理由はシンプルである。この原理的な問いと答えをわれわれは常に自覚すべきだといえるだろう。

　授業研究の原理はこのようにシンプルであったとしても、その実現は必ずしも容易ではない。なぜなら「よりよい授業」「よりよい学びや成長」といったときの「よりよいとは何か」という問いに答えることはきわめて困難で、必ずしも答えが一つに定まるとはかぎらないし、答える側の豊かな経験や見識、そして教育的な妥当性を問い続ける態度が問われるからである。少なくとも確かにいえることの一つは、授業研究こそ、教師としてこの困難な問いに向かい合う絶好の機会であるという点であろう。

(2)「日本型授業研究」の特長と問題点

　授業研究には多種多様な形態があるが、とりわけ校内研修の一環として、研究授業の実施を中核とした一連の営みを同僚が協同的に運営していくような日本の伝統的な授業研究は「レッスンスタディ（Lesson Study）」と呼ばれ、教師教育の優れた手法として国際的に高く評価されている。

　あらためてその特徴を振り返ってみると、以下の点が挙げられるだろう。すなわち、①教師の日常に密着した「現場第一主義」の研究であるということ、②同じ学校に勤務する同僚同士が学び合う実践コミュニティ（学び合う共同体としての学校）を基盤としていること、③事前、事中、事後といった授業の実践プロセスに応じたリフレクション的な思考（立ち止まって振り返る→次を見通す）が組み込まれていることである。しかも、以上3点のそれぞれのメリットが重なり合うことで相乗効果を発揮し、教師の学びと成長を促すという特長を「日本型授業研究」に見出すことができるのである。

　このように日本型授業研究にはグローバルな関心が寄せられ、高い評価が与

えられているにもかかわらず、当事者である日本の教師たちには必ずしもそれが意義ある仕事として受け止められていないという残念な実態も散見される。その背景として、以下の３点を指摘することができよう。

　第一に「業務化」である。「授業研究」は教師の仕事の一部であるため、日常的にこなすべき「業務」と化し、いつの間にか「授業研究」それ自体が自己目的化してしまう。つまり、授業研究そのものをこなすべき仕事の一種と感じてしまうわけである。その結果、子どもたちのよりよい学びの実現といった目的や、「目の前の子どもたち」と「教師である私（たち）」のための研究であるといった意識がどこかへ消え去ってしまう。とりわけ、「研究授業」を担当することは仕事が増えることを意味するとともに、自分の授業が同僚にさらされ、検討の俎上に乗るという心理的負担も加わり、「できれば避けたい」という気持ちになるのは人情かもしれない。そのため、心のどこかに「やらされ仕事」という意識が生じてくる。

　第二に「形骸化」である。業務化の進行は形骸化を招く。ただでさえも多忙な日常に加えられた特別な「業務」であるため、ともすると優先順位が低まり、労力をなるべくかけずに済ませようとしたり、「形だけ整えてやったことにする」といった態度でお茶を濁したりする傾向がなきにしもあらずである。例えば、本来なら指導案は、目の前の子どもたちの実態や教師としての思いや願いに基づいて、綿密な教材研究を経てオリジナルなプランを創り上げることが求められているはずだが、インターネット上の情報などを「切り貼り」して安易に指導案を作成してしまう教師もいるといった実態を耳にする。

　形骸化という観点からとりわけ評判が悪いのが「事後協議会」である。ただでさえ時間が限定されていることに加え、会の進行が定型化しているということもあり、授業者は「針のむしろ」の上で一方的にコメントを受けるのみになりがちで、活発で有意義な協議へと発展することが少ない。また、参観者は同僚に対して意見することになるために遠慮がちになり、何気なくほめて波風が立たないようにする「配慮」が優先される。逆に、必ずしも生産的ではない厳しい批判を授業者にズバッと投げつけて場の雰囲気を悪化させる同僚がいたり

して、授業者のみならずその場の同僚の多くに消化不良な気持ちが残ったり、「授業の公開など二度とするものか」といった気持ちを授業者に抱かせてしまったりする。

　第三に「非日常化」である。「特別な仕事」として研究授業が実施されるため、日常の授業との関連性がむしろ希薄化してしまうという皮肉な事態も生じている。確かに、指導案をもとにした授業を公開するという活動自体がそもそも非日常的なのかもしれないが、本来的には普段の授業実践を可視化し、自覚化する活動であることにこそ意義がある。それにもかかわらず、授業研究を日常的な実践と切り離して「イベント化」してしまう傾向が広く見られる。その結果、「指導案は○○のように書かなければならない」といった形式主義が蔓延したり、普段は絶対に行わないようなパフォーマンスが奨励されたりする。

　とりわけ深刻なのは、研究授業の最中に授業者が指導案に過度に拘泥してしまうという「指導案しばり」と呼ぶべき現象である。例えば、本来であれば子どもたちの多様な意見を聴く時間を確保すべき授業の局面であるにもかかわらず、展開を急いでしまったり、チャイムが鳴ったにもかかわらず時間を延長させて無理やり子どもたちに「振り返りシート」を書かせたりといった場面を参観することが多いのだが、それらは授業案どおりの授業を実現しようとする授業者の意識の反映であるに違いない。その教師が普段ならしないことを研究授業だからしてしまうことを意味していることから「研究授業しばり」と言い換えることさえできるかもしれない。

　つまり、研究授業がいわば「教師の発表会」のような「晴れ舞台」と化しているのである。このようにイベント化した非日常的な授業を検討することは、授業研究本来の目的からするときわめて不自然であり、教師による日常的な授業の営みから授業研究をますます遠ざけてしまうことになりかねない。しかも、晴れ舞台だからこそ「指導案しばり」になるという悪循環が促される一方で、教師（たち）が一生懸命に努力をしただけに、彼らのリフレクションを促すというよりも自己満足（「頑張ったからよかった」など）にとどまってしまう危険性も増す。

このような「非日常化」を促す背景の一つとして、わが国の伝統的な「授業研究観」を指摘することができよう。「研究」という側面が過度に意識されて「理論」をひねり出したり、授業がその「理論」を「検証」するための「手段」に貶められてしまったり、報告書をまとめることそれ自体が自己目的化してしまったりする。ひいては研究授業自体を「実験的なパフォーマンス」だと勘違いしてしまうのである[1]。

以上のように、日本型授業研究には「業務化」「形骸化」「非日常化」という落とし穴が存在し、ともすると「授業研究」のために授業者だけではなく子どもたちさえも犠牲になるといった不幸な事態をも招いてしまう。実際、研究授業を「成功」させるために、子どもたちが同じ授業を本番前の「練習」として受けさせられたという驚愕すべき話がまことしやかにささやかれていたりする。ここまで極端ではないにせよ、授業研究をめぐる残念な実態を目の当たりにすれば、心ある教師であればあるほど、その現状に不満感を抱くのは当然であろう。

日本型授業研究がもつ潜在的な可能性を活かして、それぞれの学校に豊かな授業研究が成立するためには、どうしたらよいのであろうか。そのためには、まず「業務化」「形骸化」「非日常化」という実態を転換し、むしろ、普段着の授業に目を向け、それをていねいに振り返り、そこでの気づきを将来の授業づくりに活かしていくという、地道ではあるが日常にしっかりと根ざした営みこそが求められているように思う。このような授業研究の「日常化」を実現するために、まず、「授業」とはどのような営みかという「そもそも論」についてあらためて確認しておきたい。

 ## 2．授業はどう創られるか

(1) そもそも「授業」とは

いうまでもなく、授業の目的はそこに参加する子ども一人ひとりの学びや成長である。その目的を前提にしたとき、「学習実現」「教師主体」という2点を

授業づくりの原理として再認識することができる。「授業づくりとは、一人ひとりの子どもが学習の主体となる活動（語る、聞く、書く、考える、試すなど）が生じる学びの場を創り出すという営みだ」という基本方針が「学習実現の原理」であり、「教師主体の原理」とは「教師自身が授業を実践する主体だと自覚し、子どもたちとともに、この世に一度きりしかない授業を創り出す」という実践の立脚点を意味する。授業における子どもと教師の主体性については、対立的に理解されることがあるが、以上の2つの原理を一体のものとして理解することは十分可能であり、そこにこそ優れた授業の本質があると考えられるのではなかろうか。

　子どもの学びは場との相互作用によってダイナミックに展開するものであり、教師の描いた筋書どおりに生起するものではない。そのため、授業という営みはいわば「即興芸術」のような性質をもち、予測不可能な学びの進展をその場の子どもたちと一緒に創り上げることが教師に求められる。そのような授業の筋道は無限に開かれているため、後から振り返ってみると、別の可能性をいくつも見出すことができる。つまり、「よい授業」とは、答えが一つに決して定まらない問いなのである。その答えは子どもが異なれば違ってくる。その授業の目的や内容によっても変化する。同じ内容を扱っていたとしても別の教師が授業すれば「よい授業」として問われる事柄は異なってくるに違いない。しかも究極的にいうなら、「よい授業」という問いに対する「答え」なるものは誰も明示することなどできない。「百点満点（パーフェクト）」の「よい授業」など存在しないのである[2]。

(2) 授業実践のプロセス

　「教師が授業する」という営みは、「構想する」「展開する」「省察する」という3種類の仕事によって構成され、しかもこれらは一連のサイクルを成している（鹿毛、2008；次頁図1参照）。

① 授業の構想
　「授業を構想する」とは、教師が自らの想像力を働かせ、創造力を発揮する

ことを通して、これから実践する授業を明確化し、具体化するという行為である。より具体的には、「学習者」および教育の「目的」「内容」「方法」という授

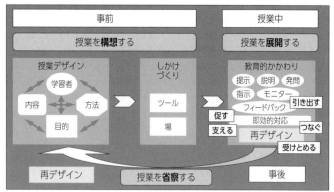

図1　授業実践のプロセス

業を構成する4つの要素について、それぞれを明確化し、相互に関連させながら授業をデザインすることだといえる。つまり、誰に対して、何のために、何を、どのように教えるのかという観点から特定の単元や授業を統合的に検討し、まとまりのある調和のとれたプランとしてイメージする一連の思考が教師に求められることになる（藤岡、1994）。

　さらに教師は、授業プランを自らの実践として実現するために「しかけ」（子どもの学びを成立させるための具体的な手立て）を準備することになる（鹿毛、2008）。例えば、プリントや掲示物を作成したり、発問を具体化したりするなど、子どもたちの学びを促していくための「ツール」（物理的／非物理的道具）を用意したり、グループ学習のためのメンバー構成や机の配置を考えるなど、「場」（物的／人的環境）を設定したりするのである。

②　授業の展開

　授業中に教師は、事前に構想した授業デザインを踏まえつつ、「しかけ」を駆使しながら、多様な振る舞い（情報を提示する、内容を説明する、指示する、フィードバックする、状況をモニターするなど）を通じて子どもたち一人ひとりの学びを成立させようと奮闘努力する。また、注意を集中させるために子どもたちを黒板の前に集めて説明するなど、「場」を柔軟に調整しながら実際の授業を展開することになる。

　授業の展開における教師の仕事を一言で表現するならば「教育的かかわり」

であり、その特徴は「即興性」に見出せる。「教育的かかわり」とは、授業における子ども（たち）の様子（例えば、教材とどのように向かい合っているかなど）をモニターしながら、彼らによりよい学びが成立することを目的として、状況に応じつつ、適宜、働きかけたり、彼らの行為に対して臨機応変に対処すること（例えば、受け止める、支える、促す、引き出す、つなぐなど）を指す。教育的かかわりには、事前の授業構想に基づく計画的な行為も含まれるが、むしろ実際には、状況のモニターによって生じる即興的な対応の方が多い。

　授業を展開するうえで教師に求められているのは、よりよい授業を子どもたちと一緒に創り出そうとする意志であろう。なぜなら、子どもたちを主体的な学び手とするためには、授業を展開する中で立ち現われてくる子どもたちの感じ方や考え方、疑問や意見など、彼らの体験や表現を授業プロセスに積極的に反映させることが実践上不可欠になるからである。その意味において、教師は子どもたちのために子どもたちの力を借りながら授業を展開しなければならないのである。

　このように即興的な教育的かかわりを本質とし、子どもたちと協同的に授業を創造しようとする営為が授業の展開であるとすると、授業中に生起する出来事のすべてを事前に予測するのは原理的に不可能であり、「台本」どおりに授業が進行することなど、まずありえないということになる。むしろ、教師は事前に構想した授業デザインや「しかけ」を修正したり転換したりする必要に迫られる。つまり、授業展開という営みとは、授業を運営する一連の行為であると同時に、そこには授業の「再デザイン」（プランの調整、修正、変更、転換など）という仕事が埋め込まれているのだといえるだろう。

③　授業の省察

　一般に、授業をするという営みは、授業を展開して「おしまい」になると理解されているかもしれない。しかし、「子どもに腑に落ちる説明ができなかった」「子どもたちのノリが悪かった」など、教師はおのずと自分が実践した授業について振り返るものである。むしろ、このような自己評価を自覚的に行うことが授業の省察（授業リフレクション）である。

「授業を省察する」とは、「自らが構想し展開した授業についてていねいに振り返って考えをめぐらすこと」であるといえよう。教師はこのような省察を通して、何らかの意味ある「気づき」を得て、それをその後の実践に何らかのかたちで生かしていくのである。つまり、そこでは二種類の気づきが生じる。一つは、実施した授業に関する気づきで、もう一つは、今後の授業の再デザインに向けての気づきである。しかも、二種類の気づきは分かちがたく結びついている。

(3) 授業づくりを支える授業研究

授業という営みを以上のように理解するなら、授業を構想、展開、省察するという一連の専門的な仕事に対して研鑽を積むことこそが授業研究であり、とりわけ、授業の構想や展開について立ち止まって振り返りつつ、次の実践を見通すという省察をその中核に位置づけるべきだということがわかる。教師は省察を通して、子どもの学びや成長について新たな気づきを得たり、自分の実践を対象化して多様な視点から意味づけてみたり、教師という仕事の醍醐味や困難さをあらためて感じ取ったりすることになる。そして、そのような内的体験こそがその後の授業実践の質を規定していくと考えられるわけである。

このように授業研究とは基本的には個人的な営為なのだが、その省察を教師個人で深めるには自ずと限界がある。自分一人では気づかなかったり、見方が偏ってしまったり、独善に陥ったりしがちで、「百点満点」が存在しない授業という営みだからこそ、複眼的で多面的な検討が求められるに違いない。校内授業研究とは、日常的に職場をともにする同僚同士が自分たちの授業実践の質を高めていくために省察を協同で行う絶好の場であり、目の前にいる子どもたちを対象としたライブの授業を検討することができるという意味において、きわめて優れたアプローチだといえるのである。つまり、授業研究とは、よりよい授業を実現しようとする意志を共有する同僚教師たちが授業者の省察を促すとともに、その場をともにし、当該の授業評価をわが事として共感的に受け止めることを通して自分自身の省察へとつなげていくことを可能にするプロフェ

ッショナルならではの学習機会なのだといえよう。

以下では、授業研究が効果的に機能する条件について、特に研究授業の参観と事後協議会のあり方に焦点を当てて考えていくことにしよう[3]。

 3．省察をともに深めるために

(1) 授業を「評価」するとは

事後協議会は、研究授業を協同的に「評価」することを中核として展開していく。ただ、ここでいう「評価」という言葉には注意が必要だ。「授業評価」というと、研究授業の「ここがよかった」「そこが問題だ」と指摘することだと考えられがちであるが、授業という複雑な営みの評価を単純な「良しあし」の判定だと誤解してはならない。

そもそも「評価」とはリアリズムに基づく厳しい営みである（田中、2002）。観念的な世界に安住したり、安易な結論に飛びついたり、自己満足に陥ったりすることを戒めるために、可能なかぎり「事実」にその根拠を求めなければならない。しかも、授業研究での評価情報をその後の実践に活かしていくことまで考えるなら、そこでの評価活動が問題の解決（よりよい授業の実現）を目指す思考回路として有意義に機能しているかという点こそが問われるべきであろう。以上のことから、「評価」とは、授業で起こっていることをていねいに把握することをもとにじっくりと解釈していくような思考（鹿毛、2005）だと理解すべきではないだろうか。特に授業評価の場合、それを「理性」だけに頼って行うというよりも、授業という「即興芸術」に立ち会う際の「感性」をもフル動員しつつ、授業実践の難しさや子どもの可能性などを感じ取ることが求められることになる。なぜなら理性と感性が相乗的に働く省察をくぐり抜けてこそ、その授業研究がより切実で印象深い体験として心に響き、ひいてはそのような体験の繰り返しによって教師のセンスが磨かれ、技が身体化されるからである[4]。このようなていねいで地道なプロセスをたどることによってこそ、授業研究の

体験がそこに参加した教師たちの将来の実践への糧として結実することになるのである。

(2) 授業の何をみるのか

「研究授業の何を評価すべきか」という点（評価の対象）については、一見多岐にわたるように思われる。しかし、授業研究の本来の目的から考えるとおのずと絞られてくる。本章の冒頭に記したとおり、授業研究の目的は大変シンプルである。つまり、よりよい授業を具現化するためであり、ひいては目の前の子どもたちのよりよい学びを実現するためであった。このことから、授業を評価する対象や基準も実はシンプルだと私は考えている。すなわち、評価対象は「一人ひとりの子ども」であり、その基準は彼らが「よい学びをしているか（していたか）どうか」に尽きる。教師のパフォーマンスや授業の道具立てがいくら立派であっても、個々の子どもによい学習活動が生まれていない授業は決してよい授業とはいえない。授業研究というと「どう教えるか」に着目しがちで、ともすると「発問がよく工夫されていた」とか、「夜遅くまで教材づくりに努力した」といった賛辞が事後検討会で飛び交うことがあるのだが、その種の協議にとどまるかぎり真の意味での授業評価には決して至らずに、教師たちの自己満足という誹りを免れないだろう。その授業を通して子どもたち一人ひとりによい学びが実現していなければ、よい授業をしたとはいえないからである。つまり、教師が「どう教えたか」よりも、個々の学習者が「何をどのように学んでいるか」にまず着目することが、授業評価の大前提なのである。その意味において、授業研究の基盤は「学び研究」であるべきなのだ。学びだけを対象として授業研究になるのかという反論もあろう。しかし、不思議なことに一人ひとりの学びに着目していくと、教育環境としての授業のあり方が固有の文脈や個別の意味を伴いながらおのずと検討の俎上に乗ることになる。教材や授業方法等の吟味は、このような「学び研究」を核として、そこから必然的に波及するかたちで深められていくのである。

(3) 子どもの学びをどうみるのか

　「今日の授業は〇〇さんの目線から参観しました」といって、〇〇さん（子どもの固有名）がその授業で体験した（と推測される）現在進行形の学びについて語りはじめた先生がいる。別のある先生は、たまたま欠席だった子どもの空席に座って授業を参観し、「こうすると子どもの気持ちになって授業を体験できる」と笑顔で語っていた。「子ども一人ひとりに体験された授業」をていねいに把握しようとするこのような姿勢を貫いてこそ、教師による勝手な思い込みや独りよがりが排除され、子どもの学びの成立を核に据えた授業改善への思考回路が保証されるのではないだろうか。一つの授業であっても、そこには子どもの人数分の学びのストーリーがある（鹿毛、2007）。一人ひとりの子どもがその授業をどのように体験したかという観点から、教師たちが授業をきちんと振り返っているかどうかが問われている。

　いうまでもなく、授業で学ぶ主体は一人ひとりの子どもであり、授業の時間は彼らが学ぶプロセスそのものである。したがって、授業の真価は一人ひとりの子どもの姿にすべて顕れるといっても過言ではない。現在進行形の子どもの「一挙手一投足」こそ、授業評価の最も基本的な情報源なのである。一人ひとりの学びがどういうプロセスを経て成立したのかという観点でていねいに見ていかないかぎり、真の意味での授業評価はできないのだといえるだろう。例えば、教師の発問がある子どもにとっては学びの刺激になったとしても、別の子どもにとっては発問の意味自体が理解できないといった状況は常に起こりうる。その発問の良しあしを一般的に問うことなどナンセンスであり、その教育的な意味は学習者によって必然的に異なってくる。

　子どもたちと教師にとって、その授業のその場は、実は、一生に一度きりしかない。子どもや授業者が違えば授業も違う。しかも、繰り返せるものではないため、やり直しができない。このような認識に立って、研究授業1時間の子どもたちの学びや体験を意識しつつ授業で生起している事実をとらえようとする誠実な姿勢がわれわれに求められているように思う。まずは、現在進行形の

授業で起こっている出来事をていねいに「みる」ことであろう。まさに「リアリズム」に基づいて、子どもたちがその時に何をしたのか、どういう表情をしたのか、何を書いたのかといった一挙手一投足を学びの姿の事実として把握しようとする態度を共有したいものである。

　一人ひとりの子どもがそれぞれユニークな存在であることはいうまでもない。それにもかかわらず、事後協議会では彼らの「固有名詞性」がクローズアップされることは必ずしも多くない。もちろん、「抽出児」を決めて授業参観する方法は一般的で、特定の子どもの様子が事後協議会で語られることはあるだろう。ただ、ここで問題にしたいことは、一人ひとりの子どもがその授業をどのように体験したかという観点から、教師たちが授業をきちんと振り返っているかどうかという点である。授業研究において子どもの固有名に着目するとは、彼ら一人ひとりの学びのプロセスを個別具体的なエピソードとして尊重するということなのである。

　では、上述してきた「その授業で起こっていることをていねいにみる」とは具体的にどういう行為を指しているのだろうか。そのポイントの一つは、授業中に起こっている「事実の把握」と「自分自身の解釈」とを峻別しようとする態度でその場に臨むという点に見出せる。われわれには、授業中の出来事について一足飛びに解釈しようとする傾向がある。そのため、事実に基づかない評価や提案をしてしまいがちなのである。むしろ、子ども一人ひとりの行為や表情、つぶやきなどの表現やその内容に対して細心の注意を向け、事実を把握しようとしているかがまず問われることになる。同じ場面を見ていても、特定の出来事が「みえる人」と「みえない人」とに分かれる。そこでは五感を通じた「アンテナの感度」が参観者に要求される。つまり、授業の参観で問われているのは参観者自身なのである。

　特定の見方を単純に正しいとか間違っているとか判断することはきわめて困難なのだが、これまで述べてきた授業研究の目的に照らして考えるなら、少なくとも以下のような観点がありうるだろう。

① 表現者としての子どもたち

　個人の内面を外化する活動を広く「表現」と呼ぶならば、授業の見どころは子どもの表現にあるといっても過言ではないだろう。なぜなら、子どもの表現にこそ、彼らの学びの内容やプロセスが顕れるからである。

　授業中の子どもの表現というと、挙手による発言や、ノートやプリントへの書き込みといった言語的な表現をまず思い浮かべるかもしれない。言語的表現にはそのような「フォーマル」なものばかりではなく、一人での「つぶやき」やグループ内や隣同士での「おしゃべり」といった「インフォーマル」な言語活動も含まれる。言語的表現のみならず、とっさの表情や身体の向きや姿勢、しぐさといった主にインフォーマルな非言語的表現から彼らの学びのプロセスを読み取ることも可能である。このように授業中に顕現する一人ひとりの表現は実に多様で微妙であり、フォーマルな表現ばかりでなくインフォーマルな表現にも着目することで学びの姿を多面的にとらえることが可能になる。われわれには、そのような表現の繊細さに敏感であるかが問われている。

② コミュニケーションの場としての授業

　子どもの表現を単に個人的な表出ととらえるのではなく、授業を「コミュニケーションの場」という観点から理解しようとすることも不可欠だろう。授業では、あらかじめ書かれた文章を読み上げるような「発表型」の発言がよく見られる。しかし、われわれの日常生活の場面でこのような発表形態のコミュニケーションをすることは実は稀であり、むしろ学校に特有な特殊な語りであるように思う。むしろ、「ええと…」といった言いよどみや、「なんか…」と間を置きつつ考えながら言葉を紡ぎ出すような「即興型」の言語表現の方が一般的であろう。また、日常生活の場では、特定の誰かに対して何か伝えたいことや聞きたいことがあってコミュニケーションが起こるわけだが、授業ではそのような必然性がなくても何かを言ったり、聞いたりしなければならないことも多い。子どもたちの顔が発言者にではなく、正面の教師の方に向けられている授業場面も多いが、実はきわめて不自然である。発言者に身体や視線を向けながら話を聞くのが通常のコミュニケーションではないだろうか。

子どもが真の表現者であるためには、授業が「本物のコミュニケーション」の場になっているかが問われている。一人ひとりの思いや考えが「可視化」され、その情報がその場にいるメンバーに「共有化」されるような聴き合い、語り合いの場が授業に成立しているかが、授業の見どころになるであろう。

③　没頭する子どもの姿

　あえて極端にいうならば、現在進行形の子どもたちの学びの姿に（これまで彼らに体験されてきた授業も含め）授業のすべてが顕れるといっても過言ではない。例えば、「集中力が途切れて、姿勢がだらしない姿」「手いたずらをしている姿」「よそ見やあくびをしている姿」「ふざけ合っている姿」というような子どもの姿がみられる。子どもたちのこのような「残念な姿」にはガッカリさせられるだろうが、それらは彼らの気持ちや体験の素朴な反映だと考えた方がよい。端的にいえば、授業が「つまらない」からこのような姿を見せるのである。

　一方、授業で子どもたちは「ワクワク感が全身にみなぎっている姿」「気持ちの集中がひしひしと伝わってくるような姿」「クラスメイトの発言に真摯な表情で聞き入っている姿」といった「うれしい姿」を見せてくれることもある。このような姿に共通しているのは、彼らが「課題に向き合っている」という事実である。

　この「課題に向き合っている」という心理状態は、近年の心理学で「エンゲージメント」と呼ばれている。端的にいうと「エンゲージメント」とは、頭と心と体がフル活動している「没頭状態」、すなわち、課題に細心の注意を払って気分を集中させ、さらには熱中あるいは夢中になっているような知情意が一体化した心理状態を意味し、その際、われわれのパフォーマンスは最大化されるという（鹿毛、2013）。表1に「エンゲージメント状態」と「非エンゲージメント状態」を対比させたのでみてほしい。主体的で意欲的であるという姿はまさにこの「エンゲージメント状態」の反映だということが理解できるだろう。

　以上のように考えると、上述のような子どもたちの「うれしい姿」や「残念な姿」は、現在進行形で彼らが体験しているエンゲージメント状態（あるいは非エンゲージメント状態）の反映であり、このような姿にわれわれが気づくこ

表1 「エンゲージメント状態」と「非エンゲージメント状態」

	エンゲージメント状態		非エンゲージメント状態	
行動	・熱心に取り組む ・持続的に取り組む	・専念する ・試行する	・あきらめる ・不参加	・気乗りしない ・落ち着きがない
感情	・興味を示している ・楽しんでいる ・いきいきしている	・充実感	・退屈 ・恥じている ・不満げ	・不安を感じている
認知	・目的を自覚 ・注意する ・細部までていねいで几帳面	・方略を吟味 ・チャレンジする	・無目的 ・回避的	・頭が働いていない ・絶望している

(鹿毛、2013を一部改変)

とが彼ら一人ひとりの学びを検討するうえでの貴重な情報になるのである。一人ひとりの子どもの姿はいわば「授業成否のバロメーター」であり、子どもによる「授業評価」そのものなのだとさえいえるだろう。

　われわれには、エンゲージメント状態の兆候を子どもたちの多種多様な表現から感じ取るような感受性が求められるにちがいない。このような質の高い学びの姿を「事実」として把握することによって、より確かな授業評価が可能になるからである。

　④　学びの筋をとらえる

　ある授業がその場にいるすべての子どもに一律の学習を成立させるというのは幻想にすぎない。子ども一人ひとりが別人格である以上、同じ授業の場に居合わせたとしても、その体験は個人によって異なっているにちがいないし、その体験の違いが学習のプロセスや成果に差を生じさせていることは明らかであろう。むしろ、授業とは特定の「場」にすぎず、そこでは十人十色の活動が起こっていると考えた方がよい。また、一つの授業の中で一瞬一瞬の子どもの姿はダイナミックに刻一刻と変化し、一人ひとりの学びの姿は時間の経過とともに「筋」として見えてくる。それがその授業時間の彼らの学習体験であり、40人の子どもがいれば40通りのストーリー（学びの筋）が描かれることになる。

　問題は、一人ひとりの子どもの「学びの筋」が教師の想定とズレてしまうという現実であろう。授業には「ねらい」があり、教師はその達成を目指して授

業を展開する。ただ上記のように考えれば、平野（1994）が指摘するとおり、子どもの「学ぶ側の論理」と教師の「教える側の論理」は常にズレているとむしろ考えるべきだろう。したがって、このズレを無視したり、隠蔽したりするのではなく、むしろ自然に生じうる現象だとポジティブに直視し、その前提に立って授業の検討を深めていった方がよい。そのためにも、一人ひとりの子どもがその授業をどのように体験しているのか、それを「学びの筋」として把握しようする姿勢がわれわれに求められているのである。

（4）授業をどのように語るか

　事後協議会では必ずしも授業の「事実」が重視されず、以下のような発言が飛び交うことが多い。

　第一に、例えば、「活気があった」「子どもたちはまじめに取り組んでいた」といった「漠然とした印象」にとどまる発言である。前者の例は、授業中のいつ、どの場面で、どのように活気があったのかが不明であるし、後者は、「子どもたち」の固有名が特定されておらず、いつ、どの学習活動に対してどのようにまじめに取り組んでいたのかわからない。このような曖昧模糊とした情報が飛び交う傾向はないだろうか。

　第二に、「事実に基づかない評価」である。事後協議会では授業の良しあしを断定するような意見、例えば「グループ活動が成功した」「先生の発問が効果的でなかった」といった発言がしばしば見られるが、「成功した」「効果的ではなかった」という根拠が授業中の「事実」ではなく個人的な思い込みに基づいている場合も多い。もしかすると「グループ活動に参加できない〇〇君と〇〇さんがいた」「先生の発問に刺激されて表情を変化させ、ノートに意見を書き始めた〇〇さんがいた」というような、上記の「評価」に反する小さな事実が生じていたかもしれない。成功か否か、効果的か否かといった評価はあまりにも単純で断定的にすぎる。

　第三に、「事実に基づかない提案」である。例えば、「この場面では、〇〇という発問の方が効果的だ」といった発言が見られる。「自分だったら〇〇する」

というタイプの意見も一般的だ。これらは当該授業の事実をていねいに検討したうえでの発言というよりも、個人的な経験や他の実践例に基づいていたり、あるいは単なる思いつきにすぎなかったりする場合も多い。これらには一定の情報提供的な価値はあるかもしれないが、当該授業の文脈からは逸脱した発言であり、その授業自体の振り返りや今後の見通しについて省察を深めていくことに必ずしもつながっていかない。なぜなら、授業とはその教師とその子どもたちによる一回きりの営みであるので、他者の授業論やより抽象的な一般論へと飛躍してしまうことは、当該授業を事例として省察を深めることを目的とした協議のベクトルの方向をずらしてしまうことになりかねないからだ。その種の議論に意味があるのであれば、「ライブ」の授業を共同参観した直後の「今」ではなく、別の場に機会を求めればよいのである。

　以上に記したような負の実態を転換していくために、事後検討会でわれわれは何をどのように語るべきだろうか。少なくとも、当該授業で把握した事実を基盤として、一人ひとりの子どもたちの学びの筋や、授業者の思いや願いに焦点化するという点を協議のポイントとして指摘することができるだろう。具体的には以下のとおりである。

　まず、授業者の語りを尊重し、授業者との対話を重視することである。「教師主体の原理」として上述したとおり、授業を運営する主体はあくまでも授業者であり、まずは彼らの声に耳を傾けることが協議の前提となろう。もちろん、授業デザインを表す指導案があり、事後協議会の冒頭で授業者による「自評」が語られることも一般的で、授業者の考えを理解する機会がないわけではない。それにもかかわらず、それらが十分に共通理解されないままに協議が進行することも多いのではないだろうか。まずは、授業者の思いや願いを共感的に理解しようと心がけつつ、単元構成、本時の授業デザイン、本時展開中の意図などについて、授業者が具体的に語る時間をきちんと確保したい。その際には必ずしも授業者が一方的に説明する必要はない。特定の授業場面を話題として取り上げつつ、授業者と参観者が互いに認識を深め合えるような自然な対話がそこに生じることが期待される。協議会における「事実に基づかない提案」の弊害

について上述したが、もし協議会で代案等の提案をするのであれば、少なくとも授業者が構想して展開した当該授業の世界の内側に立脚することを条件とすべきだろう。参観者が授業者と同じ地平に立ってこそ、他者の意見や提言が授業者の胸にストンと落ちるのである。

　もう一つのポイントは、上述の「学習実現の原理」という観点から、当該の研究授業で起こっていた「事実」を手がかりに「解釈」を交流することである。前節で「その授業で起こっていることをていねいに見る」という参観者の役割を強調したが、事後協議会では把握された事実を慎重に意味づけつつ語ることが参観者に求められる。そこでは自分自身の教師としての経験や、自らがもつ学習観、授業観、教科観などを背景として「事実」を解釈することになるわけだが、それらをむき出しのまま主張するわけではない。むしろ、ダイレクトで主観的な意見をいったん棚上げし、当該授業に固有の構想や独自な展開を前提として「事実」を「解釈」するという一種の禁欲的な役割が求められる。授業の内側に立脚することのない、授業者独自の構想や当該授業に固有な文脈を無視した発言は、独りよがりな意見や単なる一般論として響くことになり、協議会におけるコミュニケーションの深まりを阻害することにもなりかねない。

　以上のことから、事後協議会では、どの事実を取り上げ、それをどのように解釈し、どのように語るかが参観者に対して必然的に問われることになろう。授業者の意図を十分に踏まえ、授業の事実に即しながら、しかも、授業者との対話による教師集団としての学びを期待しつつ発言する役割を参観者は担っているのである。参観者一人ひとりによって語られるこのような授業の事実や解釈がその場のコミュニケーションを円滑にし、活性化することになる。

　その際、参観者には自分自身の言葉で語ることが求められるに違いない。例えば「〇〇力」など、教育界には一見わかりやすいようでいて、実のところ正確に理解することが困難な用語が氾濫している。そのような言葉が飛び交うような事後協議会だと、論点が典型化されたり抽象化されたりして、共同参観した授業の実像から議論がますます遠ざかっていく。授業者も参観者も、その種の「匿名の言葉」を借り物として使うのではなく、むしろ自分が考えたこと、

思ったこと、感じたことについて、自らの内面から言葉を紡ぎ出すようにして伝えることが求められる。また、そのような「自分ごとの言葉」による誠実な声を聴き合うようなコミュニケーションが成立する教師集団であるかどうかも同時に問われることになる。

(5) 授業をともに振り返る

　事後協議会では、何が協同的に省察されることになるのであろうか。もちろん、そのテーマや内容は多岐にわたっており網羅することは到底不可能だが、例えば、少なくとも以下の観点からともに省察を深めていくことは有益だろう。

① 場づくりとしての授業

　子どもたちの一瞬一瞬の学びの姿を規定する重要な要因が教育環境（鹿毛、2010）であろう。物理的環境（机の配置、メディア機器、掲示など）、文化的環境（教材の選択・構成など）、社会的環境（教師と子ども、子どもたち相互のかかわり）といった諸側面が重なり合ったコミュニケーションの場として教育環境が構成され、しかもそれが現在進行形でダイナミックに展開していくのが授業である。子どもたちに有意義な学習活動が生起するような教育環境を具体的な場としてデザインし、また、授業展開時に臨機応変に再デザインしていくことが教師の授業づくりという仕事なのである。この観点から当該授業を振り返り、一人ひとりの学びの姿や学びの筋との関連性について省察を深めることができる。

② 表現の可視化と共有化

　授業をコミュニケーションの場として振り返ったとき、当該授業において、一人ひとりの子どもの内面に表現したいことが生起してそれが十分に外化（可視化）されていたか、さらにその表現の内実（意味）が他者（教師や他の子どもたち）にきちんと了解（共有化）されていたかをそれぞれ確認することには意義がある。主体的で創造的な学びの基本は一人ひとりの子どもの「表現」にあり、しかもそれを協同的な学びとして発展させるには、可視化と共有化に向けたコミュニケーションが必須であると考えられるからだ。その大前提として

は、そもそもその場が子どもたちにとって表現したくなる場（表現したくなる課題、表現したくなる社会的関係などによって構成させる教育環境）であったかどうかが問われることになる[5]。

③　教師の出

授業の難しさは「ねらい」（教師が学ばせたいと願うこと）と「めあて」（子どもが学びたい、学ぶべきと思うこと）を一致されるような展開が期待されている点にある。子どもたちの気づきといった主体的な学びの萌芽を的確に見取りつつ、学びが深まる見通しを察知した瞬間（教育的瞬間）に時を逃さずに子どもたちに働きかけるアクション（教師の出）が教師に求められることになる（鹿毛、2007）。これこそプロフェッショナルならではの高度な技といえるだろう。瞬時の判断によって「学びどころ」に光を当てて子どもたちの注意をそこに向けさせること（焦点化）は学びの進展に不可欠であり、このような「教師の出」という観点から子どもたちの「学びの筋」と授業でのコミュニケーションとの関連について検討することは有益であろう。

以上に挙げた3点は事後協議会で話題になるであろうテーマの一例であるが、いずれにせよ、当該授業の「事実」について子どもの姿や学びの筋、授業者の考えや思いという観点から「解釈」を交流することを通して、教材研究（何を教えるか）、子ども研究（誰に教えるか）、目標研究（何のために教えるか）、方法研究（どのように教えるか）へと教師たちの思索がおのずと向かっていく。当該授業について授業者と同僚たちがともにていねいな「事例研究」を深めていくことが、ひいては授業という複雑な営みに関する参加者全員の認識を深めることへとつながっていくのである。

4．授業研究を創るために

まずは、授業者が「研究授業をしてよかった」と心から思えるような機会でありたい。それは子ども一人ひとりのユニークさ、そして教師一人ひとりのユニークさに着目し、それらを最大限に尊重する授業研究だといえるかもしれな

い。そこでは研究授業についての検討を深めるために、授業者や子どもたちの立場に立とうとする共感的な態度が参加者に求められると同時に、授業で起こった事実に立脚しつつ、授業者と参観者が対話的に語り合えるようなコミュニケーションの場の実現が期待されている（鹿毛、2012）。

　実は、授業者が「研究授業をしてよかった」と実感できるような場は、参観者にとっても充実感が感じられる場でもあるはずだ。授業改善の仕方についての一般論を一方的に聞かされたとしても、腑に落ちるものではない。むしろ、一つの授業の吟味を深めること（事例検討）によってこそ、われわれは授業のやりがいや奥深さを共感的に感じ取ることができるのである。

　授業の省察はまずは研究授業をした授業者のために行うべきだと上述したが、以上のように考えると、当該授業の教師の実践や子どもたちの学びに対する省察が、同僚であるわれわれの学びへと結果的につながっていくような授業研究が求められているという、いわば当たり前の結論にたどり着く。しかも、同僚全員が順に授業者になることによって当該学校がプロフェッショナルとして学び合うコミュニティになっていくのである。

　以上のことから「日本型授業研究」の卓越性をあらためて認識することができるだろう。授業研究とは授業という営みを支える営みであると同時に、教師の日常に埋め込まれた教師の専門的な学びを促す「しかけ」であり、それが機能することで一人ひとりの教師の授業づくりがサポートされると同時に、学校全体の授業実践の質が高められていくことが企図されたシステムなのである。今、われわれに求められているのは、そのようなシステムがうまく機能しているか否かを問うことなのではなかろうか。

（鹿毛雅治）

〈註〉
1）普段行わない特別なことを試すような研究授業にも一定の実験的な意義はあろう。しかしその場合、どうしても研究授業が一過性のイベント的性質を帯びることになり、教師の日常的な授業実践に対する省察的な思考を喚起するにはきわめて間接的なアプローチであり、むしろ、そのような省察から参加者の思考を遠ざける弊害が生じる可能性がある点には留意したい。

2）その意味で、授業という営みは「作業」（定型的で再現可能な行為の連鎖）ではなく、常によりよいものが目指される「実践」なのである（鹿毛、2006）。
3）授業研究の主な局面は、授業構想（単元、本時）の検討、（授業構想を背景とした）授業展開の検討とに大別でき、具体的にはそれぞれ「事前検討会」「事後検討会」などと呼ばれる。以下では、紙幅の都合上、後者に焦点化して論じる。また、事前・事後検討会における授業者の立場から当該テーマについて論じることも可能であろう。本稿では紙幅の都合もあり、授業者以外の参加者という観点から主に論じることにする。
4）授業研究とは、第一義的には、研究授業を実践した授業者にこのような思考回路を保証する場であり、その意味で、授業研究は「授業者」の省察を深めることにまずは力点が置かれるべきだといえよう。そのプロセスをていねいにすればするほど、参加者の思考も刺激することになる。この意味から、拙速に一般化することは避けるべきなのである。
5）一方で言語的な表現活動が見られなくても学習が生起するという事実も重要視すべきである。子どもによっては発言がなくてもその場に参加していること自体が学習を促進している可能性が十分ある。発言のみに焦点化した授業研究の盲点として指摘できよう。

〈参考文献〉

藤岡完治（1994）『看護教員のための授業設計ワークブック』医学書院
平野朝久（1994）『はじめに子どもありき―教育実践の基本』学芸図書
鹿毛雅治（2005）「教育評価再考―実践的視座からの展望」心理学評論、47(3)、pp.300-317.
鹿毛雅治（2006）「授業研究再考」田中克佳（編著）『「教育」を問う教育学―教育への視角とアプローチ』慶應義塾大学出版会
鹿毛雅治（2007）『子どもの姿に学ぶ教師―「学ぶ意欲」と「教育的瞬間」』教育出版
鹿毛雅治（2008）「授業づくりにおける『しかけ』」　秋田喜代美、キャサリン・ルイス（編著）『授業の研究　教師の学習―レッスンスタディへのいざない』明石書店
鹿毛雅治（2010）「学習環境と授業」　髙垣マユミ（編著）『授業デザインの最前線Ⅱ・理論と実践を創造する知のプロセス』北大路書房
鹿毛雅治（2012）「『授業の当事者』を大切にした校内研修」　村川雅弘（編）『ワークショップ型校内研修　充実化・活性化のための戦略＆プラン43』教育開発研究所
鹿毛雅治（2013）『学習意欲の理論―動機づけの教育心理学』金子書房
田中耕治（2002）「教育評価の新しい考え方」　田中耕治編著『新しい教育評価の理論と方法Ⅰ　理論編』日本標準

第2章
授業研究の主体は誰か
―当事者が主体となる授業研究の実現のために―

　日本の授業研究はいまや国際的に注目されている。教室を開き合い、観察し合って同僚間で分析し合う。そのようにして授業はどんどん改善され、子どもの学力は向上する。まさに美談として羨望をもって語られているのである。

　しかし、その実感は日本の現場の教師たちにどれほどあるだろう。日本の授業研究は定義の仕方によっては第二次世界大戦以前から存在するし、本格的には戦後新教育期のカリキュラム開発ブームの中で形式も整えられてきた。小学校・中学校を中心に（いまや、高校においても）地域を問わず、校内組織が立ち上がり、学校教育目標を意識しながら時々の政策動向と歩調を合わせて研究仮説を立て、その検証を行い、そして提案・公開してきた。その知見の集積たるやいまや膨大であるだろう。にもかかわらず、どれだけ授業研究を重ねても授業実践に対して不全感は募り、研究というよりもむしろ研修にある種のノウハウを求めようとする姿すら見られる場合がある。

　もしかしたら、教師たちは国際的に脚光を浴びている、その「授業研究」では、十全に学べてはいなかったのかもしれない。あるいは、そこで認識された課題とされたものがどれもこれも本当は向き合うべき本質的課題ではなかったのかもしれない。教師は、実践的な専門家（あるいは、専門的な実践家）であることにもはや疑いの余地はない。専門家が専門家として育つためには何がどのように語られ、何がどのように共有されるべきであったのか。授業研究の場が、教師という専門家の学びと育ちの場として機能するためには、「他人事」化し「非日常」化してしまうことは回避せねばならない。その方策と意義についてここでは考察してみよう。

1. 授業研究につきまとう「問題」

　米国のカリキュラム研究系の学会ACSD（現在、ASCDが通称化されているが、the Association for Supervision and Curriculum Developmentとして1943年に発足）がその機関誌 *Educational Leadership* の2014年5月号の特集論文において「専門家の学び（professional learning）」を取り上げた。そのうち1本が日本の教師の学びについて取り上げている。Ruth, A.による論文「日本はいかにして新人教員を支えるか（How Japan Supports Novice Teachers）」である。彼女は、孤立する米国の教師と対比させて、日本では職員室の構造に象徴されているようにいかに共同性が発揮されるしかけが機能しているかを見出している。「かけだしの教師たちが教授力量や生徒の学力が芳しくないからといって解雇されることはない。教師たちと学校が同様に新人教師の成長に関わっているのだ」[1]と強調する。ベテランが若手にしっかりと寄り添い、若手が自らの経験を自覚化していく様子が驚きをもって描かれている。定年を迎えたベテランが再任用（再雇用）の枠組みで、若手を育てる仕組みがいまや多くの自治体で一般的だ。まさに欧米が教師成長論の決め手として注目するメンター・システムの具体的実践といえるだろう。しかし、果たして、米国で大々的に専門家の学びの好もしい事例として喧伝されるほどに、現在の日本の教員は共同性を発揮し得ているだろうか。もともと公式・非公式を問わず授業を見合い、教師集団で内部の課題として語り合う中で一人ひとりの教師は育ち、経験を積み重ねていたのではなかっただろうか。それが、メンター・システムにむしろ外部化・矮小化されてしまっているのが実態ではないだろうか。ある意味、共同的な授業研究が機能しづらくなり、文化や技術の継承の場が特定のメンター・メンティーという期限つきの制度的な徒弟関係に任されてしまっているのではないか。
　全国一斉学力調査や教育課程の中央集権化は、実践の平準化圧力として機能し、現場での教師一人ひとりの個にしても、教師集団にしても、当事者性は軽視されてしまう傾向にある。それよりも一般化された目標の達成とその証拠が

優先されるからだ。

　小林（2013）は、教師の専門性の特質として固有性・総合性・関係性・可能性・反省性を掲げるが、中でもここで注目したいのは残り4項目とも密接に絡み合い、そしてその風土ともなる固有性、「この子に対して、この私という教師が、相互に固有名を持った存在同士において遂行される」[2]という側面である。教師が専門家集団の中で成長していると実感し、固有の領域で固有の経験として専門性が伝えられていく仕組みが消え入ろうとしている。本章では、単に回顧主義的に授業研究を主張しようというのではない。いま現在直面する、教師の専門性をめぐる危機を自覚しながら、授業研究を一つの焦点として、誰がどのように関わることで意義を見出せるのかを検討していく。

2．「授業研究」をめぐる虚像

(1) 典型的な授業研究

　2009年に首都圏のある教育委員会主催の校内研究担当者会議の場で授業研究の一般的な流れを調査する機会を得た。日頃の校内研究全体会の「会順」を記述する。時程（時間配分）も可能な範囲で回答を求めた。この調査においては、17校の市内小中学校のうち14校が、図1のような運営形式をとっていた。このような運営形式が多くの学校で慣例的に採用されているものと判断し、ここでは「典型的な授業研究」と呼ぶことにしたい。

　「典型的な授業研究」においては、前後の管理職による挨拶言を除くと（これも必ず組み込まれているのだが）、まず授業を公開した教師が「自評（反省）」を述べてから観察者である同僚教師たちから感想や意見が述べられる。最後にある程度の時間が確保された中で、外部の研究者や指導主事等による講評が述べられるという形式である。図1では、回答のあった学校間でも配分にばらつきがあるが、およその所要時間を概念的に長方形の横辺長で表した。

　このような「典型的な授業研究」の場に何度も臨席した者として、ここで付

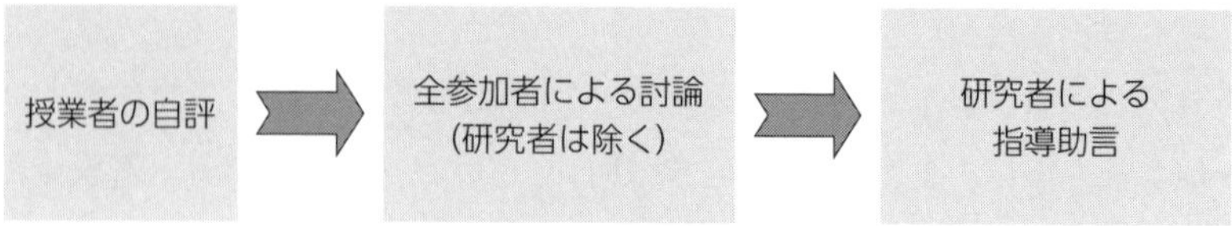

```
授業者の自評  →  全参加者による討論  →  研究者による
                (研究者は除く)         指導助言
```

図1 「典型的な授業研究」の協議の流れ

言しておきたいのだが、この流れがきわめて「儀式」的な厳粛さも伴っているということである。外部講師などを招聘する際、講師の出迎えから昇降口での児童・生徒の誘導にいたるまで事細かく次第表が朝の職員会議で確認され、分刻みで当日は進行していく。その場かぎりの営みで繰り返すことのない「ナマモノ」としての授業実践ですらこの分刻みの進行に組み込まれることによって、授業そのもののプランが明治期以来の5段階教授法をはるかに凌駕する綿密性かつ定時性を念頭に置いて構想されることになってしまうのは皮肉である。

(2) 「典型的な授業研究」の目的

「典型的な授業研究」においてはいったい何が語られてきたのであろうか。その歴史は、教師集団の文化継承に強く根づいていることも示唆しており、強固な授業研究観を形成するに寄与してきたことは間違いない。片上 (2009) は、戦後の授業研究を整理して以下のように示している[3]。

研究の対象	研究の類型	研究の目的
当該授業	目的型で内在的研究	授業の事実の解明 授業の改善 教師の力量形成
授業一般	手段型で外在的研究	授業の法則性の定立 教科内容の具現化

さらに、片上 (2009) は、教師の力量形成に注目しつつ整理しているが、その「力量」の内容は授業の改善に関わる技術的なものであり、視点として、
A 事前に立てられた学習指導案と実際になされた授業との整合性

B　子どもの思考過程（思考の深まりや変容など）の有意味性
C　教授行為（発問、説明、指示など）の適切性
D　教材の妥当性
E　学習集団としての機能の有効性
の5点をあげている[4]。

　確かに、これらの視点は、授業研究という検証の場を生かしてフィードバックさせていくという意味において、教育課程や授業の改善を促す構造として受け入れられやすい。A～Eのどれかにその時々の教育課程上、生活指導上、道徳教育上、などの課題設定が重ねられ、単年度あるいは複数年度に及ぶ一連の授業研究が成立し、その成果公表はアカウンタビリティの機能も併せもってきたといえる。問題はこれらの視点が孤立的にその都度取り上げられることにある。また、この類型化と教師が形成すべき力量に関わる視点については、抽象化された教師像を想定して提示されている。あるべき授業を追求するスタイルは、時には当事者性をもって当該授業から出発しながらもやがては一般論への飛躍を経験することになり、当事者性を失う逆説を有することになる。

(3) 授業研究を外部化・非日常化するファクター

① 提案性・公開性

　多くの授業研究は一部の自主的な遂行を除いては、行政主導で、つまりは予算にひもづいて、広汎なレベルで結果の明示とその考察とが求められる仕組みでなされている。それゆえに、授業研究を通じて得た成果は、同時代・同地域的にゆるやかに共有されている問題状況に対して何らかの解決方途を示すものであることが期待されることになる。時には、中央での教育課程改革の過程で自覚されたキー・ワードを流用したために、現場レベルでは必ずしも問題とは意識されてはいないようなものですら、テーマとして設定され、その成果を公表するという現状も見受けられる。

　公金で予算化されて運営するものであれば、アカウンタビリティの一環として汎用性の高い成果を求められるのもうなずける。しかし、結果として、日常

とは乖離した、当事者にも問題と認識されないのにもかかわらず、つじつまを合わせるレトリックで授業研究が構成され、成果として公開されることになる。安定的に中長期的視点で見据えなければならない現場に、年度が替わる度にめまぐるしく新たなキー・ワードが創り上げられ、提案され、近隣あるいは広範囲に、しかも断片化されて共有されていくことになる。

② 仮説検証性

授業を一般化して成果を求める授業研究はそれ自体必然的に当事者性を欠いたものになり、個別性・具体性・固有性の中で教師が自律的に授業の意味解釈を行うことは起こりがたい。

「研究」というターム自体が近代科学の強固な枠組みに規定され、仮説検証型を想起させているのであろう。本格的に臨むのであれば量的にははなはだ乏しいといわざるをえない一学級や一学校を「単位」として、研究の手続き論を重視しながら進められている。研究仮説として、「小集団活動を導入すれば、子ども同士の学び合いが起こる」といった文言が研究紀要で前面に押し出され、元来は経験の質としてていねいに分析・考察されねばならない事象が、強引な授業後アンケートや時には事後テストなどで代替されていく。狭隘な研究観が授業研究観をも縛ってしまっているといえる。

③ 権威性・儀式性

外部講師となる大学研究者や指導主事の来訪は、学校現場に緊張感をもたらす。子どもたちも入念な清掃に動員されるし、当該校の職員、とりわけ授業者はドレス・コードに従い正装に着替え、前述したように分刻みのスケジュールに基づいて分掌を明確にして儀式的にこなしていく。逆に日常を無理に演じて非日常化してしまっている現場にも遭遇したことはあるが、いずれにせよ現場の努力により外部の来訪者には前日と変わりない当日を目の当たりにすることはきわめて難しいものである。

「典型的な授業研究」の協議の形式では、最後の指導講評に権威がもたされる。たとえその講演・講評内容が一般的な政策動向や外国で開発された教育方法の紹介であっても、教師たちはそれを真摯に受け止め何かを学ぼうとする。

この形式が繰り返されると、現場の教師たちは、外部講師に配慮して協議が萎縮する（具体的には教師たちの発言量が少なくなったり、発話者が固定化したり、といった現象）か、あるいは、最後に「受講」することになる抽象的な議論を予想して誰もが研究者然として外部的な言葉を用いることになり、一般論のやりとりが起こりやすくなる。このようなシステム（形式）に暗黙裏に規定されて、当事者性を低減・欠如させていくことにつながってしまうのである。

④　孤立性

教師一人ひとりの力量形成という美名のもとに、多くの場合、新人や若手教員が、授業研究の授業者に指名され、年度に１度か２度めぐってくる公開授業に備えることになる。指名された授業者には同僚たちや管理職に自身の授業がさらされること対し、非公式な教員評価の場と受け止められる。一人でプランニングし、緊張の中、公開して、非日常空間の中で教師も子どもも予定的にはその場を過ごすことができず、結果的に協議会にて「私の」いたらなさを詫びるという定型に陥ることになる。共同性を著しく欠いた個体による発表会の様相を帯びること自体、個々の教室空間の日頃の閉鎖性を浮き彫りにしてしまっているのだが、同時に授業研究で公開される授業のみならず日常的な授業づくりが恒常的に孤立した作業であることも物語っている。

これらのファクターは「典型的な授業研究」の経験を繰り返す中で身体化・習慣化されていき、定見を形成していくものである。文脈が違えば、これらの要素がもつ積極性も指摘できるであろう。教育課程改革のための研究開発が眼目であれば他校と歩調を合わせて仮説検証性が問われもしようし、若手の教師の成長を見きわめるための初任者研修の一環であれば教員評価的性格も帯びて、独り立ちできるか否かの局面は積極的に用意されるであろう。

しかし、授業研究という教師の専門性が集中的に可視化され、教師の学びが起こることが期待されている場にとっては、これらのファクターはきわめて否定的に機能し、教師の学びへの心的態度を萎縮化させ、多くの教師にとっては他人事、つまり外部化し、非日常的な儀式となってしまうことは間違いない。

3.「授業研究」で教師が主体となり学ぶことを支える理論

(1)「専門的な学びの共同体」論

　教師は、ここで断るまでもなく、「専門家」であり、ゆえに教師集団は専門家集団である。しかし、はたして、専門家集団としての教師集団が「学びの共同体（Learning Community）」として成立しているかといえば必ずしもそうではない。「正統的周辺参加論（Legitimate Peripheral Participation）」が教えるように、専門家は必ずその属する専門家集団の中でその職能を育てられる。専門性がその集団内において経験を通じて磨かれる。それは医師の育ち、陶芸家の育ち、落語家の育ち、などとなぞらえると意味が容易につかめるであろう。

　Darling-Hammondら（2007）は、教師も最初から個々に専門家として確立しているというわけではなく、多様な世代が同じ課題に向き合う中で、専門家集団の一員として、そして生涯学習者としてその専門性が育っていく方法に注目している[5]。まさに、専門家の実践的な学びの共同体がイメージされている。

　Robertsら（2003）は、教師集団が「専門的な学びの共同体（Professional Learning Community）」として成立・機能するためには4つの条件が必要であることを示している[6]。共同的であること（Collaborative）、仕事に埋め込まれていること（Job-embedded）、学校を基礎として行われていること（School-based）、プロセスの中で進行しつづけているということ（Ongoing）の4点である。彼らの掲げた条件に鑑みると、日本の多くの授業研究が直面している問題はもはや明白である。孤立的で非日常的であることをもってしても専門的な学びの共同体としては不成立であるといえる。

　そもそも同僚性が成り立ちがたいところには学びの共同体は生まれない。仕事に埋め込まれていること、つまり、状況的・文脈的であるという点については、一回限りの授業公開に詰め込まれた非日常的な設定からしても学びを促す共同体としての環境に乏しいことがわかる。脱文脈的に実施されれば、その準

備や対処に教師は追われ、特殊なイベントとして当事者たちに意味づけされかねない。専門家集団が共同して取り組む事案はそれ自体がその専門家の職務の一環として当事者に認知されている必要がある。

　学校を基礎として行われていることについては、教師の専門性が地域単位の共同体では発達しないということを意味しているわけではない。確かに学校を越えた、広がりのある、各時代に固有の課題というものは存在する。しかし、教師集団がその専門性を発揮するのは、その帰属する共同体の内部に発生する、当事者にとって個別具体的で切実な課題に対してであり、一般化・抽象化された課題に対してではないはずである。ゆえに、公開性や提案性が強調されると、確かに当該の学校を出発点としつつも、学校独自の固有性を希薄化させていることが明らかであり、そこで語られる内容と解決策はすでに当事者たちのものではなくレトリックにすぎなくなっている可能性がある。

　最後に、プロセスの中で進行しつづけているということについてであるが、教師が成長するためには、1回限りの断片的な方法ではなく、文脈が違えども本質的な類似性を実践の中で身体的に感じ取り行為化するなど、長いスパンを要する経験の積み重ねが必要である。

　教師の学びが成立するためには、上記の4条件を備えた共同体が成立していることが必要であることを「専門的な学びの共同体論」は教えてくれている。

(2) リフレクションに関する研究

　次に、教師の学びの内容を取り出し、それに則した可視化の仕組みを創り出そうとする動きに、教師の学びをサポートする思想を見出すこととしたい。

　Schön (1983) は、専門家たちは行為の中での省察（reflection-in-action）をメタレベルも含んで多層的に行っている点に注目し、彼らを「反省的実践家」(reflective practitioner) と呼んだ[7]。これ自体、専門家としての教師の成長モデルに通じる概念であり、教師の学びが状況に埋め込まれたかたちで起こりうることを示す画期的なパラダイムであったが、専門家一般を論ずる文脈上、その学びの「目的語」までは言及されていない。はたして、「何を」授業とい

う行為の中で振り返ることが教師の学びと成長につながるのであろうか。

　Eisner (1991) は、教育の現場で起こる複雑で微妙な事柄について識別する能力として教育的鑑識眼（educational connoisseurship）という概念を提示し、そこに教師の専門性を求めるに至った[8]。教師にかぎらず専門家の実践には必ずこの「鑑識眼」が伴い、その水準は経験を積むにしたがい高まるものである。質や真贋を見きわめる眼、後身の技の巧拙を的確に見取る眼、いまだならざるものの将来像を見通す眼、どの専門家にもその専門領域に応じたこれらの鑑識眼が備わっている。Eisnerは教師の専門性を強調するために「教育的」と形容した。

　では、「教育的」とされる鑑識眼は、いったい何をどのように見究めるものとされるのだろうか。「複雑で微妙な事柄」は教室等学習者を取り巻く状況の中に埋め込まれており、教師はそれを「教育的瞬間（pedagogical moment）」(VanManen〈1991〉)[9]ととらえて瞬時に識別・判断することが求められているし、熟達した教師は暗黙裏に実践している。

　教育的鑑識眼をもって教育的瞬間を見逃さず、子どもとともに授業をデザインし、行為の中で不断に振り返りと修正を行っている教師の姿は日々の実践の中で経験の差はあれ現出しているはずである。しかし、それはなかなか言語化もしにくいし、その専門性への感度が低ければ自覚もしづらい。ましてや同僚の行為にも敏感にはなれない。昨今の物理的・精神的多忙が引き起こす盲目や不感も指摘されようが、教師という専門家がその専門性の内実をイメージできていなければ、たとえ物理的・精神的余裕があっても気づけないものなのではあるまいか。すでに子どもと学びを創り上げているプロセスにおいて現出している専門家としての姿こそ、授業研究という営みを通して可視化され反省され、共同体の中で吟味・共有されていくべきものである。

　藤沢市教育文化センターの目黒 (2004) によれば、リフレクション・シート開発の意図として、授業中の教師の内面過程や評価の思考に注目すること、授業リフレクションを行う際の手がかりを残すこと、そして授業の構造を明らかにすることの3点を挙げている[10]。リフレクション・シートには、本時の目標

が記され、表形式で、「当初 Plan（授業前に考えていた Plan を記入する欄）」「See（授業中に見取ったことを記入する欄）」「修正 Plan（見取ったことをもとに、授業中に考え直したことを記入する欄）」「Do（授業中に実際やったことを記入する欄）」から成り立っている。計画された授業構想と実際に展開された当該授業との齟齬の自覚と臨機応変な調整とがリフレクション・シートを通してあらためて授業者本人と観察者に見えるかたちで示される。シートに書かれたことの意味を問うたり、共有したりすることが、教育的瞬間を同僚間で再確認し合い、教育的鑑識眼を身体化していくことにつながっている。

　鹿毛（2007）は、このシートが「対話」の形態で使用されることを前提としていることを強調している[11]。というのは、リフレクション・シートというツールが使われる文脈が、対話的な関係ではなく、「批評する－される」という非対称的な関係でなされた場合、授業者の願いや思いが共有されないまま批評する側による一方的な価値判断に陥り、学び合う土壌が損なわれることになるからである。リフレクション研究においては、状況・行為の中に埋め込まれた省察を共同的に可視化する工夫を行うことで、教師が教師であることを絶えず再認識しその専門性を不断に再構成していく道筋が示されているのである。

(3) 仮説検証型から事実解釈型へ

　専門性を自覚的にリフレクションするためのツールを有したとしても、教師の授業研究に関する信念、すなわち授業研究観が旧来の仮説検証型を指向するものでは当事者としての成長は期待しづらい。確かに、研究報告書や研究発表などのゴールを迎えると達成感や満足度はあったとしても、区切りが意識され、成果が外部化・一般化されることで、仕事に埋め込まれた日常性や切れ目のないオンゴーイングな側面は失われることになり、結果として「専門的な学びの共同体」が成立をみないことになる。

　校内の授業研究を推進する側は、職員の意思統一をもくろみ何らかのキー・ワードを提案する。その提案されたキー・ワードをめぐって次には職員内で定義論争が誘発される。「キー・ワードの定義・意味がはっきりしないかぎり実

践に移せない」という疑義が必ず出され、研究推進委員を中心に関連文献をひもとき、学習指導要領の解説や事例集を読み込み、指導主事や外部研究者との打ち合わせの場を設けてレクチャーを請い、そしてキー・ワードについて一度も実践をくぐることがない段階で、他の同僚に対し「答弁」がなされる。仮説検証型の授業研究が念頭にあると、この定義論争は不可避である。検証するためには「条件」が整備されていないとならず、ゆえに仮説を形成するタームは厳密でなければならないことに起因している。

　筆者が約7年間にわたって関わった神奈川県の公立A小学校（中規模校）では、定義論争に固執して研究活動が滞ることを回避するため、まずは高頻度に授業公開を重ねていくことにした。「ともだちとのかかわりをとおして自分なりを発揮する」ことを目指したA小学校でも、「かかわ」ることは何を意味するのか、小集団活動やペアワークなのか、「自分なりを発揮する」とは何を意味するのか、一人で皆に発表できることか、などと実践を前にしない、つい観念的になりがちな企画段階では定義論争に陥りかける。しかし、ベテランが積極的に年度の早い段階で授業を公開し、その後の協議の中で、例えばB先生の算数の授業について「Cさんがこんなふうに定規をあててね、それを向かいで見ていたD君が端をそろえたほうがいいんじゃないと彼なりに気づいて押さえてあげていたのよ」といった固有名を用いたエピソードと解釈が出される。「かかわる」、「自分なり」とは何かといった定義を論じ合うのではなく、これ以降、当面の間、同僚たちの念頭には子どもの関わる姿とは「例えば」同僚のBさんのクラスで見たCさんとD君のあの姿、と解釈してゆるやかに集団的に記憶され共有されることになる。まさにケース・スタディである。

　A小学校の教師たちが語り合う「かかわり」や「自分なり」は外部の者にはきわめてわかりづらい。しかし、内部の当事者たちには、言語化・一般化はなされないにしても、授業研究協議を具体的に重ねるたびに共有・更新されているのである。外部に向けて明快に説明はできないが、自身の実践においても、子どもが関わることを経験している事実があるかどうかを、授業研究で立ち会ったケースをもとに経験的に判断し解釈できる。それは定式化されたチェック

リストなどに基づくのとは異なる。Lieberman, A.はASCDの対談記事において、このように集団がそれ自身の言葉をもち、反省的に再構成されていく様相を集団的自律性（collective autonomy）と呼んだ[12]。

佐藤(1997)は、先述のSchön(1983)の反省的実践概念を念頭においた「反省的授業」の表現の特徴として以下の3点をあげている[13]。

①文脈の固有性を尊重し、具体的な経験の生き生きとした描写を追究する。
②一人称による記述を求め（つまり、主観性が尊重され、そして、その主観性が反省され）、非人称、三人称は退けられる。教師としての「私」が登場し、子どもも個人名で登場し、一人ひとりの経験の叙述を通して、教室の出来事の多義的な意味の解読が追究される。
③上記の結果、実践の記録と表現において「物語性」が求められ、「語り」（narrative）の様式も、理論的な探究の一つのあり方と見なされる。

佐藤は必ずしも授業研究に限定した教師のディスコースとして上記3点を示したわけではない。だが、授業研究における協議という場面でも、教師の授業リフレクションを促すために特定人称で物語性をもって語ることは欠かせない。

日常的な授業研究の遂行において、仮説検証型はなじまない。仮説を有して実践に臨むことを決して否定しているのではない。検証に心血を注ぎ、急いで定型化・一般化することに腐心することを見直すべきである。事実に基づいたていねいな解釈を専門家集団の中で、ほかでもない専門家が出し合うことを通じて、授業実践を不断に反省し更新し共有していくこと、言い換えれば仮説検証型の研究から事実解釈型の研究へとシフトしていくことに「集団的自律性」および「専門的な学びの共同体」の成立の鍵があるのである。

(4) 授業研究を通した教師の学び

授業研究を通じて、教師は何を学ぶことになるのだろうか。確かに、授業を前提とした教育内容に関する知識（pedagogical content knowledge、PCK）を学んでいることには違いないが、それ自体が強調されて目的化すると、先述の片上が示した「授業の法則性の定立」や「教科内容の具現化」に話題が集中

することになり、当事者性は減ずることになる。授業研究が当事者性・自律性を有するようになれば、そこで培われるのはむしろ授業観や評価観、子ども観といった信念であり、それらに基づいて授業者自身による理論の構築およびその不断の再構成が起こるようになるのである。このプロセスを図2で示した。

　図2における「学習する触媒」は、後述するが、授業コンサルタントとしての研究者を意味し、右側は教師の思考枠組みで起こっていることを示している。教師は研究者の見立てや見取りに刺激を受けながら、自らの授業実践を異化する経験をし、子どもの姿を協議の場で再解釈しながら、教師としての存在論的な問いを内に有するようになる。このこと自体が自律的に起こることが教師の学びの成立を意味しているのである。

　教育的鑑識眼の研鑽については、教授技術や教材研究に関わる方法論などよりも、それを支える自律的な信念、図2でいう「授業者自身の理論」が重要である。繰り返される授業研究の過程で、この信念が形成され、更新されていくことが、結果的に技術やPCKの獲得にも決定的な影響を及ぼすことになる。

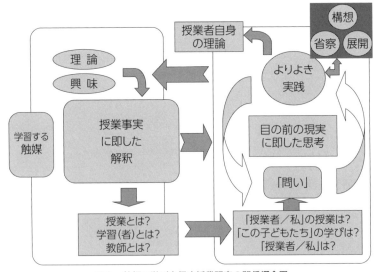

図2　教師の学びを促す授業研究の関係概念図

（鹿毛、2009[14]）をもとに作成）

4．当事者が主体となる授業研究

(1) 当事者が主体となる授業研究の模索

　当事者が主体となるような授業研究とは、簡潔に要約すれば、固有名を伴った特定人称で語られることを通じてリフレクションが促される共同的アクション・リサーチを意味する。トップ・ダウンで示される所与の課題でも、抽象度の高い一般化された教育言説から流用した課題でもなく、「いま」まさに「ここ」で直面している課題を自覚し、具体的実践を通じて解決していくプロセスなのである。「共同的」の形容句の意味するところは、基本的には当事者が尊重され、外部の研究者も対等なパートナーとして関わることでリフレクションを促すことであり、そうすることで教師たちによる反省的実践が高まるところに意義を見出す。この点については後に詳述したい。

　共同的アクション・リサーチとして筆者も関わった神奈川県の公立E小学校（1学年1～2クラスの小～中規模校）での模索を念頭において、当事者が主体となるような授業研究の実現について紹介したい。E小学校では、授業観察後の協議会の運営に限定しても、議論の不活性など、これまでの「典型的な授業研究」の流れを見直す必要があると自覚されていた。そこで「典型的な授業研究」で形骸化していた運営形式を変えて、教師自身が実感をもって学べる場にしたいという当時の校長や研究主任の強い願いがあった。そして、当事者性をもって協議に参加できる運営形式として、図3のような流れに変更したのである。この変更の過程も実際には数年かけて試行錯誤しながら、外部の研究者

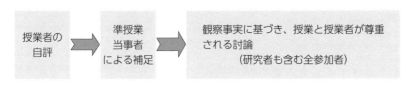

図3　当事者が主体となる授業研究における協議の流れ

や指導主事もその趣旨に適切に応答しつつ実現してきたものである。

　図3にいう「準授業当事者」の呼称は、E小学校の事情を象徴している。学校の規模も影響しているといえるかもしれないが、E小学校では、授業研究の形態を改革していくにあたり、まず何よりも授業者を孤立させないことが優先された。小・中・高学年別のブロック単位での教材研究や併行授業の実施、さらには全職員での指導案検討を「拡大ブロック会」と銘打って複数回もつ。教材研究を学年単位等のチームで行うことは多くの学校でも既に実践されているが、学校全体として一つの授業づくりに関わるのは珍しい。準授業当事者は、当該授業の子どもたちのことも固有名を知りうる関係性で関わることになる。当該の授業には授業者の願いやねらいだけでなく、こういった準授業当事者たちの願いやねらいも反映されていることを見逃すことはできない。ゆえに準授業当事者たちは当該授業構想の経緯を語る主体にもなっている。とはいえ、授業者の意図がそこで圧殺されることはなく、同僚は担任教師としての授業者の子どもの把握などに耳を傾ける。時には授業者の願うところが挑戦的な授業であっても、同僚たちは進んで協力したり、知恵や意見を出し合ったりするのである。授業を公開したときにはさまざまな予期せぬ展開に見舞われることもあるし、子どものコンディションによっては教師たちが思い描いていた方向には深まらないこともしばしば起こる。E小学校では、授業づくりには職員全体が関わっているのであり、たとえ首尾よく展開しなかったとしても授業者の力量や準備のみが問われたりはせず、同僚たちが「準授業当事者」として切実に振り返るのは圧巻である。

　図3の協議会での流れに戻っても、E小学校のスタンスは活かされていることがわかる。授業者の意図が「自評」を通じて語られ、準授業当事者のコメントが次いで語られることによって、観察者の見取りが再構成されることにもつながり、観察事実への理解がより深まることになる。職員全体が授業づくりに関わり、指導案検討や教材論は既に「事前」に出尽くしているために、この場ではむしろ必然的に事実解釈に集中することになる。同僚一人ひとりが授業創りに関わったために、まさに授業者の身になって授業を観察することになる。

指導案と事実との間に決定的な齟齬が生じれば、まさに観察のさなかに同僚教師たちは授業者と同等かそれ以上に「なぜか」を問いながら思考することになる。その見立てが具体的な固有名を伴ったエピソードとして協議会の場で出されることになる。同じ場面を見ていた別の同僚の別の見立てがその声に重なり、それぞれの解釈はさまざまな経験年数をもつ同職専門家集団の中で事例をもとに浸透し共有されていく。教育的鑑識眼の中心的話題でもある「教育的瞬間」がいつであったのか、またどのようなものであったのかが一人ひとり異なる同職の専門家によってすり合わされる。このように、全体協議は、当該授業の授業者と授業が尊重され、教師たちが事例から学びながら、実践を語る言葉が生成されるダイナミズムをもつ場として機能している。

　図3の流れでさらに注目すべき点は、研究者も含んだかたちで全体協議が行われ、最後の指導・講評という枠がないことである。全体協議の中に対等に研究者も入ることで、典型的な授業研究で危惧された当事者性の喪失を回避しようとする意図である。この授業研究協議においては、研究者の発話（まとめ）だけが支配力をもたない仕組みが必要条件として想定されている。

　もちろん、E小学校の実践は、後から整理すると、まるで形式の変更が円滑な効果を導いたように描けるが、実際には、人間関係の軋轢や人事異動に伴う継承の困難さなど一筋縄ではいかなかったことも多く、不断に変更を加えてきた結果、言い換えればアクション・リサーチそのものであったといえる。

(2) 共同的アクション・リサーチャーとしての外部研究者

　佐藤（1997）は、「教育研究者」が、指導的に振る舞えば振る舞うほど現場の教師のもつ日々の実践の不確実性への不安をあおり、その分自らへの従属を促すという悪循環のメカニズムが起こることを示している。その悪循環を断ち切るためにも、教育研究者が授業研究という枠を越えた学際性をもつ「実践的研究」に関わるだけの自覚をもち、その力量を形成する必要性を説きつつ、「指導的立場から抜けだして、教師たちに学びながら彼らと育ちあう関係を樹立する」という参加と共同の枠組みを形成していくことを唱えている[15]。

当事者が主体となる授業研究を実現しようとした場合、繰り返し述べてきたように、実践を語る言葉をつくり出す主体はあくまでも実践者たちであるべきことが研究者にも自覚されなければならない。言葉が研究者から付与されてはそれ自体当事者性を低減させてしまうことにつながるからである。

　鹿毛（2002）は、このような点に留意し、教育心理学者としての内省・自戒もこめながら、研究者がフィールドに関わるスタンスを整理している。データ収集での関わりは別にして、とりわけ授業研究の場面に限定すれば、「指導者」スタンスと「コンサルタント」スタンスとがあることを指摘している[16]。

　「指導者」スタンスとは、実践現場の教師たちに対して研究者がイニシアチブをとりながら指導を行うことを意味し、研究者が構成した理論を現場が実践し検証するという関係になる。そこでは、「指導する－指導される」という役割分担が固定化され、現場の教師たちこそが実践に基づいた理論構成の主体であるという視点と感覚が喪失されてしまう危険性がある。

　「コンサルタント」スタンスとは、互いに異種の専門家である教師と教育研究者が、授業に関わる問題について協同的に解決していく手法を意味する。コンサルタントの役割は、一方的な問題解決を現場に押しつけるのではなく、コンサルタント自身が現場の教師と対等な関係に立ちつつ、半ば当事者として問題（意識）を共有し、問題解決のプロセスに寄り添い、一般論の適用に頼ることなく、現場とコンサルタントのそれぞれの専門性を発揮しながらその場固有の問題解決の糸口を見出していくことにある。鹿毛（2009）はこのような研究者の取り組みを特に「授業コンサルテーション」と呼び、教師の学び、主には個別性・具体性・固有性をもった状況の中での解釈的行為が自律的に行われるための「触媒」として機能し実践性が高まることに注目している[17]。なお、この位置づけは先の図2にも示されている。

　当事者が主体となるような授業研究においては、研究者は教師たちの自律性を支援し、実践と協議の無秩序を見出し整理して、教師がその中で専門家としての有能さを自覚できる構造を共同的に創り出す存在として機能しなければならない。このことが実現するためには、研究者も問題を共有し問題解決に寄り

添うこと、言い換えれば、「共同的アクション・リサーチャー」であることが必要なのである。

「専門的な学びの共同体」論では集団的に自律し、集団内で次世代の専門家が日常性の中で育つ構図が描かれる。ゆえに、授業研究の主体を論じるとき、外部の研究者はなかなか整合的に位置づきがたい。その存在自体が、外部的であることにも起因して、ついつい自身の基礎研究の成果を現場に紹介し、時には強制しようとしてしまい「指導者」スタンスに陥ってしまうことにつながってしまう。しかしながら、共同的アクション・リサーチャーとしてのとらえは、単に外部研究者の協力・助言というレベルを越えて、ともに目の前の課題を見出しそれぞれが出せる専門性を対話の中に反映させながら解決を図っていくものである。教師の学びと研究者の学びは異質であるが、それぞれの専門性において実感をもって起こることは変わりない。片務的な関係ではなくまさに互恵的な関係を実現しようとしているのである。

授業研究と外部研究者の関係をこのように問うことは、一般に、異なる専門家集団がどのように相互に生産的・建設的に出会いうるかを論ずることを開き、学びの実践的な共同体をめぐる議論を発展させ重層的にしていくことにつながるだろう。教職大学院の拡がりは、授業研究に関わる研究者の専門性が現場教員のそれと相似的性格をもって高まることを意味し、研究者と現場教員との両者の関わりの質に変化が生じることが考えられる。垂直的な関係に回帰しないためにも、共同的アクション・リサーチから異質共同性や相互に「触媒」の性質をもつことが損なわれないような検討がなされつづけなければならない。

5．むすびに

本章では、授業研究の主体が当該の学校の授業者を中心とした教師たちのものとして機能するために、その阻害要因を明確にし、そして専門家としての信念形成の可能性を具体例に学び、そのうえで共同体として異質性に開かれたものとなっていく枠組みを検討してきた。国際的な授業研究の拡大の過程で、授

業研究の成果の有効性を子どもの学力達成で量的に測定してとらえようとする動向もあることには注意を要する。なぜなら本章で見据えてきた授業研究は、その質的な解釈にこそ教師の専門性を見出しているからだ。

　一方で、ラディカルな進歩主義教育者は、本章のような授業研究の議論が教師論に閉じていることに不満をもつかもしれない。学習者である子どもこそが授業研究の当事者であると認識し、授業研究に複数名の子どもたちを直接的に参加させる事例も増えつつあることは筆者も承知している。授業研究が「子どもの学び」に直結していることは間違いない。しかし、子どもは将来教師という専門家になるための専門的訓練を目下受けているのではない。授業研究の場は、あくまでも教師という実践的な専門家集団の学びと育ちの場である。病態の判断のために多くの医師がテーブルを囲み、カンファレンスをもち、解釈を示し合う場に患者はやはりいない。医師間のカンファレンスとインフォームド・コンセントの議論が互いに異なる次元にあるように、授業研究の議論と子どもによるカリキュラム参加の議論とは異なるものである。

　教師としての成長が、子どもの学びを促すはずであると推測し述べるのはたやすい。しかし、実際には、教師がどのように成長すると、どのように子どもの学びの経験が変容するのかの関連については、世界に拡大しつつある量的測定効果研究よりも、むしろ授業研究の協議の場で固有名をもって質的に論じられる中でようやく当事者たちに了解されていくものであると考えられる。このテーマは、まさに本章にとっての発展課題となるであろう。

（藤本和久）

〈註〉

1）Ruth, A.（2014）How Japan Supports Novice Teachers. *Educational Leadership* 71(8) pp.52-53
2）小林宏己（2013）『授業研究27の原理・原則―授業力向上のための実践的思考―』学事出版　pp.32-33
3）片上宗二（2009）「第4章　授業研究の現在―二つの視座から―　第1節　戦後授業研究の現段階」日本教育方法学会編『*Lesson Study in Japan* 日本の授業研究　上巻』学文社　p.96
4）同上、p.97
5）Darling-Hammond, L. and Bransford, J.（2007）*Preparing Teachers for a Changing World: What Teachers Should Learn and Be Able to Do* Jossey-Bass　pp.382-383
6）Roberts, S.M. and Pruitt, E.Z.（2003）*School as Professional Learning Communities: Collaborative Activities and Strategies for Professional Development* Corwin Press　pp.54-57
7）Schön, D. A.（1983）*The Reflective Practitioner: How Professionals Think in Action* Basic Books
8）Eisner, E. W.（1991）*The Enlightened Eye: Qualitative Inquiry and the Enhancement of Educational Practice* Macmillan
9）VanManen, M.（1991）Reflectivity and Pedagogical Moment, *Journal of Curriculum Studies* 26(6) pp.507-536
10）目黒悟（2004）「授業研究を授業者の『日々の授業』に還元するために」奈須正裕編『「学力向上・学習評価」研修』教育開発研究所
11）鹿毛雅治（2007）『子どもの姿に学ぶ教師：「学ぶ意欲」と「教育的瞬間」』教育出版　pp.207-208
12）Brandt, R.（1989）On Teacher Empowerment: A Conversation with Ann Lieberman. *Educational Leadership* 46(8)，p.24.
13）佐藤学（1997）『教師というアポリア：反省的実践へ』世織書房　p.166
14）鹿毛雅治（2009）「誰による、何のための、誰のための実践研究か：教育心理学者による『授業コンサルテーション』を手がかりとして」臨床心理学9(1)（通巻49号）　金剛出版　p.52
15）佐藤学（1997）前掲書　pp.43-56
16）鹿毛雅治（2002）「フィールドに関わる『研究者／私』：実践心理学の可能性」下山晴彦・子安増生編著『心理学の新しいかたち：方法への意識』誠信書房　pp.140-143
17）鹿毛雅治（2009）　前掲論文　pp.52-54

第3章
教師は授業研究をどう経験するのか

　授業研究という営みは、同僚間で互いに授業を見て協議する貴重な機会であり、教師の成長を促す場として注目されている。しかしながら、授業研究のすべてが成功しているとは必ずしもいえないというのが現状ではないだろうか。

　あなたの授業研究への「期待値」はどの程度だろうか。もし、せっかく授業を公開しても力量形成につながる実感が持てず徒労感だけが残るような授業研究ばかりを経験してきたのであれば、その「期待値」は低いかもしれない。では、どうすれば一人ひとりの教師が成長を実感し主体的に取り組むことができる授業研究を実現できるだろうか。

　本章では、教師集団による協議を通じて個々の教師の専門性を向上させるために、授業の当事者を最大限尊重する授業研究システムを導入した学校の事例を取り上げて検討する。その学校の教師たちは授業研究をどう経験したのか。教師を対象としたインタビューを手がかりに、3年間の足跡を追う。

　授業の当事者を尊重する授業研究とはいかなる営みで、どのような利点があるのか。事後協議会が深まるためにはどうしたらよいか。若手からベテランに至るまでの一人ひとりの教師の学びを支えるにはどうしたらよいか。管理職や外部講師にはどのような役割が求められるのか。実践校の3年間の教師たちの経験のプロセスを紐解くことを通して、これらの問いについて探究していきたい。

 1．教師の成長を促す授業研究とは

　教師の仕事の中核は授業である。しかし、授業は教室という閉鎖的な空間で行われるため、同僚から学び、専門性を高めていく機会が決して多くはない。

そうした背景もあり、授業研究という営みは、同僚間で互いに授業を見て協議する貴重な機会だといえよう。授業研究は、教師が協働的に学び、専門性を高め、同僚性を構築する場として注目されている（秋田、2006）。

しかしながら、授業研究のすべてが成功しているとは必ずしもいえないというのが現状ではないだろうか。

例えば若手教師ばかりが研究授業を担当させられる学校がある。若手教師に成長の機会を与えているというのは聞こえがよいが、授業研究に対するベテラン教師たちの後ろ向きな姿勢が見え隠れする、などということもある。こうしたベテラン教師たちは長年の経験から、「同僚に授業を公開しても、授業の準備に忙殺されるだけで、メリットがない」と感じており、それゆえ彼らの授業研究への「期待値」が低くなっているのかもしれない。

考えてみれば、同僚に授業を公開したとしても、「子どもの理解も深まらず、自分の力量形成につながるという実感も持てず、徒労感だけが残った」などという経験ばかりでは、授業研究に対して期待などできるはずがない。それでは、どのようにすれば、教師たちが成長を実感し主体的に取り組むことができる授業研究を実現できるだろうか。

ここで教師の成長に関する先行研究を見てみよう。授業研究が協働的に実践を振り返ることで教師の専門性を向上させる場だとするならば、それを促すための条件として以下の3点が指摘できる。

第1に、授業中における子どもの具体的な「姿」への着目である。ここでいう姿とは行為や発言といった子どもの多様な表現の総体であり、表情、しぐさ、つぶやきなども含まれる。それらは教師の振り返りや気づきを促す重要な情報リソースである（藤岡、2000）。そして、こうした子どもの姿は固有名詞のレベルでとらえ、語り合うことが重要である（鹿毛、2007）。

第2に、教師一人ひとりの自律性の尊重である。やらされ感のある授業研究は教師の成長を促さない。教師の専門家としての学びは、その人自身の内的な必要性を伴うことでより質の高いものとなる（Fullan、1991）。また、子どもに質の高い学習や成長を実現しようとする教師個人の意志、願い、創造性が授業実

践の本質(斎藤、1968)だとするならば、授業研究ではその独自性が尊重される必要があるし、そこに焦点を当てて協議されることで教師の学びが促されると考えられる。その意味でも、教師の自律性が発揮できる環境づくりが求められる。

第3に、教師集団の同僚性の構築(Hargreaves, 1991)である。教師の学習過程には、個人としての学習の次元と、学校や教師集団などの学習共同体としての学習の次元とがあり、それらは相互作用的に発展する(Shulman & Shulman, 2004)。つまり、同僚性の構築は教師集団を単に活性化するだけでなく教師の学習を促す前提条件にもなる。

以上のことから、協働的に実践を振り返ることを通して教師の学習や成長を促すためには、授業の「当事者」、すなわち、その授業者と学習者、および当該学校の教師集団に着眼するということが効果的なのではないだろうか。

そこで本章では、当事者に焦点が当てられ、当事者が主体となる授業研究の事例を取り上げる。当事者が主体となる授業研究とは、教師集団による協同的な協議を通じて個々の教師の専門性を向上させるために、当該授業者（教師）、当該学習者（子どもたち）、当該学校の教師集団を当事者として最大限尊重する授業研究を意味する。本章では、当事者が主体となる授業研究に取り組んだ公立の東岡小学校（以下、東岡小）の取り組みを事例として取り上げて検討する。なお、本章で取り扱う学校名・教職員名・児童名はすべて仮名である。

2．当事者が主体となる授業研究はどのようにして行われるのか

(1) 子どもの姿を通して語り合う事後協議会

東岡小は大都市圏の中核市にある各学年2クラス程度の中規模校である。同校では、かねてより「授業研究のあり方」そのものを研究テーマとしてきたが、小田校長（当時）からの講師依頼をきっかけに、2005年度以降、本書の編著者である鹿毛雅治と藤本和久が合わせて年間4回ずつ同校の授業研究に関わるようになった。

当初、小田校長と鹿毛が協議会の場で提案した研究の重点の一つが「子どもの姿」（子どもが授業中に何をどのように学んでいるか）への着目である。東岡小の研究紀要には次のように書かれている。

> 　当日の研究協議会では、教師の振る舞いと指導案の組み立てだけを見るのではなく、授業中の子どもの姿を通して話し合う。子どもたちが、その授業の中で、また教師の発問などで、どのような変容を見せたかが話題の中心となる。
> （東岡小研究紀要、2010）

　一般的には、研究授業の事後協議会の場においては、授業者の板書や発問などの授業技術に焦点を当てて検討されるべきだと考えられているかもしれない。しかし、東岡小においては、授業の当事者である「子どもの姿」を通して話し合うことが重視される。例えば次に示すのは、東岡小の事後協議会における「子どもの姿」に着目した授業者による発言例である。

> 【事例1】「子どもの姿」に着目した授業者による発言
> 高見教諭（20代、授業者）：カズキ君が二個（の図形を）つけて高さを出したんですね。その後に「これはこれとつながってんのか、別物として考えたのか」っていうのを聞いたら、「これが高さで、でもこれは2倍してるから、もしかしたら違うかもしれないから、長方形を作ってみて重ねてみたらやっぱり同じだったから、一個のも一緒」って言ってたので、タイチ君の（図形）を、カズキ君が自分のやり方で説明をするのかなって思ったら、式を変形しちゃったので「あー」と思って。
> （事後協議会記録、2009年11月12日）

　これは5年生算数「図形の面積」の研究授業の事後協議会における授業者の高見教諭の発言である。カズキは補助線を引かないと高さを取りにくい平行四辺形の図形を2個組み合わせることで高さを求めようとした。2個のままでは1個分の面積にならないが「一個のも一緒」という発言から高見教諭は高さについて説明できると推測したが、実際はどこが平行四辺形の高さなのかを説明できるまでには至っていなかったという場面である。これは短い発言ではあるが、カズキがどのように教具を操作し、どのような気づきを得て、何がまだで

きないのかがよくわかる。これは、学習を促す教材づくりや教師の手立てを考えるうえでも有益な情報が多く含まれている。教師の学びを効果的に促す協議会における発言は、以下の3点のような特徴をもつと考えられる。すなわち、第1に、授業中の出来事（エピソード）について子どもの固有名詞を用いて語られている。第2に、言動を詳細に再現するなど子どもの描写に写実性がある。第3に、一時点のみの姿ではなく複数時点をつなげたストーリーとして語られている。東岡小の事後検討会では、このような特徴をもつ具体的で明瞭な情報の交流によって、教師たちの効果的な気づきや振り返りを促すことが目指されている。

(2) 授業者の願いを尊重する研究組織

「子どもの姿」と並んでもう一つ、小田校長と鹿毛が重視したのは「授業者の願い」（教師が子どもに何をどのように学んでほしいと感じているか、どのように成長してほしいと望んでいるか）の尊重である。

東岡小の研究組織において重要な役割を果たしているのが、低学年、中学年、高学年、特別支援学級担任のメンバーでそれぞれ組織される「学年ブロック研究会」（以下、学年ブロック）である。学年ブロックのメンバーは、まず授業者の願いや児童の実態を尊重し、その理解に努める。そのうえで授業者の授業構想をいわば「準当事者」として支えていく。そして、東岡小の全教員が参加する事前協議の場である「拡大ブロック研究会」（以下、拡大ブロック）や研究授業後の事後協議会においては、授業構想に携わった一員として、授業者の願いや授業づくりの背景について授業者の語りを補うように全体に伝える役割を担う。次の事例は、事後協議会において授業者の自評に続いて語られた学年ブロックのメンバーの発言である。

【事例2】学年ブロックのメンバーによる発言
上田教諭（40代、中学年ブロック）：まずソーラーカーを走らせられるかっていうことについては、木原先生（20代、授業者）はもちろんそれを本気で目指し

> ていますし、NPOとの関わりの中で実現に向けて（段取り）はできてきていると判断していますが、それ以前に、クラスの全体で一つの方向に本気で進んでいく学習を実現したいんだっていうのがすごくあったんだと思います。ソーラーカーが走るかということに対しては、私たち中学年ブロックはそういうことを大事にしようというふうに判断しました。
>
> （事後協議会記録、2008年9月19日）

　これは4年生総合「ソーラーカーをつくろう」の研究授業の事後協議会での発言である。この研究授業に至った経緯とそれを支えるブロックのメンバーの考えが語られている。

　下のカコミ（図1）に示したのは研究授業に至るまでの事前協議の流れである。東岡小では、3回の学年ブロックと2回の拡大ブロックとが交互に行われる。授業者だけでなく学年ブロックのメンバーも当事者性を持って授業について語ることで、授業者の願いや児童の実態に対する東岡小の教師全員の理解を促進することが期待されている。授業者の願いを尊重する研究組織の「核」として、学年ブロックが位置づけられているのである。

【学年ブロック研究会】
　授業者は児童の実態から教材研究し、単元構想を考える。各ブロックのメンバーは必要に応じて集まり、児童の見取りや授業について忌憚のない意見を出し合い、授業者の願いを確認しながら授業を構想していく。そして単元構想、授業の流れ、授業の視点を設定する。

　　　⇩

【第1回ブロック研究会】（授業提案の1か月ほど前）
　全体での授業検討を主な目的としている。授業者は、児童の実態から、どのように単元を組み、指導していきたいかを語る。また、各ブロックのメンバーも、ブロック研究会で課題となったことや、授業の視点、授業の願いを理解してもらえるように全体に伝えていく。授業を見る側が授業の流れや教師の願いを知り、単元構想について話し合うことで授業づくりに関わることができる。

⇩

【学年ブロック研究会】
　第1回拡大ブロック会を踏まえ、授業づくりや視点について、再度検討する。
　　　　⇩
【第2回拡大ブロック研究会】（授業提案の10日ほど前）
　1回目のブロック研究会を受けて、ブロック研究会で検討されたことや、研究授業当日の授業の視点やそれに迫る手立てを中心に話し合う。ここでは研究授業の流れを確認していく。
　　　　⇩
【学年ブロック研究会】
　第2回拡大ブロック会を踏まえ、授業づくりや視点について、再度検討する。
　　　　⇩
【研究授業】
　授業者の願いや授業の視点を踏まえて、授業中の子どもの姿をとらえる。

図1　研究授業までの事前協議の流れ（東岡小研究紀要（2010）をもとに筆者作成）

(3) 当事者が主体となる授業研究の発言の特徴

　東岡小の事後協議会における発言の特徴としては、以下の2点が挙げられる。
　第1に、当事者(当該授業の子どもや授業者)に焦点化しているのみならず、授業中の具体的なエピソードに関する発言が多かった。事例1では授業者の発言においてそのような特徴がみられたことを確認したが、他の発言においても同様の特徴が多くみられた。例えば、次のような発言である。

【事例3】授業中のエピソードに関する写実的でストーリー性の高い発言
佐野教諭（50代）：このカオリちゃんは、今日1時間ですごい変容っていう部分では一番よかったんじゃないかなって。渋谷先生（40代、授業者T2）のアドバイスもあったけど、(中略)自分はマス目から出発した、彼女は。(中略)だから1個ちょっとずれたりなんかしたりするんですけども、(中略)ちゃんと向かい合ったここことここが平行で、こことここが平行でっていう言葉を自分では体感して、この定規を操作する中で。だけどやっぱりそれは隣の人には説明できな

> い。ソウタがもしそれをずっと見ていてよさを見つけられたら「それいいじゃん」て言えたんだろうけれども、彼はもう頭の中で90度って凝り固まっていたので見つけてあげることができなかった。
>
> （事後協議会記録、2010年9月17日）

　これは4年生算数「いろいろな図形」の研究授業の事後協議会の発言である。カオリは渋谷教諭（授業者T₂）のアドバイスもあり、平行四辺形の辺の関係をとらえていたが、他者に説明はできなかった。隣の席のソウタは辺の関係を90度でしかとらえることができなかったためカオリの発見のよさを見つけることができなかったという場面である。このように、東岡小の事後協議会では、授業中のエピソードに関する写実的でストーリー性の高い発言の割合が高く、教師の学びに寄与する具体的で明瞭な情報が相互に交流されていた。

　第2に、東岡小の事後協議会は子どもの学びを詳細に語り合うだけではなく、授業づくりへの提案も行われる。例えば、次のような発言がみられた。

> 【事例4】授業中の子どもの姿を踏まえた提案発言
> 水田教諭（50代）：あの、最後の方に、（中略）エイタ君は「だって半径かける半径になるじゃん」って一生懸命言ってるんですよ。ハルカちゃんが「いや、違うとか言ってて」（中略）カナタ君が、「わかったからもっと続きを話そうよ」って言ったら、「今日うちで宿題で考えとくから」って、それもすごくよかったなって思った。（中略）あそこの部分をもうちょっと前にいけたらよかったかなっていうふうに思いました。
> （事後協議会記録、2009年12月7日）
> 　注）＿＿＿：本時の子どもへの言及　　～～～：提案　　（　）は筆者による補足

　これは5年生算数「円」の研究授業の事後協議会での発言である。エイタは円を4分割して面積の出し方を考えた。しかし、ハルカはより正確に求められるという理由で64分割して面積を出そうとしており、「だいたい」で求めようとするエイタの意見に対し「違う」と言った。その後のカナタとエイタのやり取りからさらに探究したいという子どもの思いがうかがえる場面である。水田

教諭はこうした子どもの学びの事実を示したうえで、このような話し合いが授業の終末ではなくもう少し早かったらよかったのではと提案している。このように、本時あるいは将来の授業づくりへの提案をする場合は、授業中の子どもの姿や授業者の意図や行為を踏まえた発言が多く、授業者を尊重した情報の交流がなされていた。

東岡小の事後協議会の発言について談話分析を行い、複数の小学校による対照群と比較したところ、当事者性、エピソード性、再現性、ストーリー性、当該授業者への言及の各次元において、有意差が認められた（鹿毛・藤本・大島、2016）。つまり、東岡小の事後協議会においては、他校の事例と比較しても、より当該授業の子どもや授業者が尊重され、教師のリフレクションに寄与する具体的で明瞭な情報が相互に交流されていたのである。

では、このような特徴をもつ当事者が主体となる授業研究を教師たちはどう経験したのだろうか。東岡小において当事者が主体となる授業研究が定着した3年間（2008年度から2010年度）に実施した教師を対象としたインタビューを手がかりに、教師たちの経験のプロセスを明らかにしたい。なお、このインタビューは、筆者が各年度末に東岡小に訪問し、一人あたり約15分間ずつ行った。

3．当事者が主体となる授業研究を教師たちはどう経験したのか

(1) 1年目——子どもの姿で語る授業研究を通して教師たちは何を経験したのか

①　ようやく定着した「子どもの姿」で語る授業研究

東岡小では、2005年度より「子どもの姿」と「教師の願い」に着目した授業研究を目指してきた。しかし、2007年度までの3年間はなかなか定着しなかった。

上田教諭（40代、2008年度までの研究主任）は、2007年度以前の事後検討会について、「子どもの姿がベースになっていなかった、（議論が）かみ合わなかった」「授業者をたたくような話し合いになってしまうのが一番よくないと思

っていた」と振り返る。そして、研究主任である上田教諭自身が「（子どもの姿を語る）流れをつくらなきゃいけない」と意識しながら事後検討会に臨んでいたという。「今年（2008年度）なんかは全くそんなこと気にしないでやってましたね」という語りからは、2008年度の1年間の研究を通してようやく東岡小が目指してきた授業研究のあり方が定着してきたことがうかがえる。

それでは、なぜこのタイミングで「子どもの姿」で語ることが定着し始めたのだろうか。

② 事実を語ること通して共有された授業者と学年ブロックの思い

ここでは、東岡小の事後協議会で「子どもの姿」が語られるようになったきっかけと考えられる出来事を紹介したい。それは、2008年度末に実施した東岡小の教師たちを対象とした聞き取りの中で一番言及の多かった出来事でもある、4年生総合「ソーラーカーをつくろう」の研究授業である。

この研究授業の授業者の木原教諭（20代）と中学年ブロックのメンバーは、理科の学習をきっかけに興味を抱いているソーラーカーに目をつけ、しかも当該学級の子どもたちが意欲的に取り組めそうだという見通しから「人が乗れるソーラーカーを設計する」という授業を構想した。

その構想に対し、全教師が参加する拡大ブロックにおいて、他学年の教師から「人が乗れるソーラーカーを作るなどという計画は無謀ではないか」「教師がミニチュアを作って子どもたちに見せた方がよいのではないか」と反対意見が出された。中学年ブロックの教師たちは、ミニチュアなどは見せずに子どもたちに構想してもらった方が意欲的に取り組めるし、多様な考えが出てきて学びの価値も高いと主張したが、結局、研究授業が行われるまで理解は得られなかった。

しかし、実際の研究授業において子どもたちが意欲的に学んでいる様子を目の当たりにして、他学年の教師はようやく中学年ブロックの教師たちの願いや意図を理解するに至った。森井教諭（50代、2008年度は6年担任）は「やりたいことはそうだったのねって授業見てわかった。こんなクラスにしたいからこういう授業っていうのがすごくよく見えた。話し合い自体もクラスも落ち着い

てできてるし、みんなが一つのものに向かっていってる、この授業をやったことでそんなふうになっていったんだなっていうのがよくわかった」と語っていた。

中学年ブロックで授業者を支える立場だった研究主任の上田教諭は「拡大ブロック会は戦いみたいだった」「本物の授業を見てこそ伝わるんだな」「木原さんのやろうとしていたこともわかってもらえたし、その現れ方についてもいろいろみんなで意見交換できてよかったな」と振り返る。

東岡小の教師たちが、「子どもの姿」で語ることや、授業者が目指す子どもの姿や授業の意図を具体的に明確にする意義を再確認できたという意味で、この研究授業はターニングポイントとなった出来事だといえよう。

③ 「子どもの姿」を語ることで授業研究に参加しやすくなった

「子どもの姿」に着目する授業研究になったことで、若手教師は協議会に参加しやすくなった。例えば木原教諭（20代）は「今まではベテランの先生がそういうのはだめよ、こうだよと言って収まるような感じだった。子どもに目を向けようというふうになってから発言しやすくなった」と振り返っている。協議会の談話が授業の技術の良しあしに焦点化されると、どうしても経験年数が多い教師の発言が多くなり、若手教師は聞くばかりになりかねない。子どもの姿に着目することで若手教師も発言できるようになるのである。

また、若手教師にとっては他の教師の子どもの見方を学ぶ機会にもなる。片岡教諭（20代、初任者）は、初めの頃は「目立つ子を見ていた」が、しだいに「どんなつぶやきがあるのか目を向けられるようになってきた」と振り返っている。

さらに、ベテランの教師にとっても、子どもの姿に着目することは意義が大きいといえる。例えば佐野教諭（50代）は、「（従来の校内研究では）話を聞いていて難しい協議会っていうのはいっぱいあったんですけど、（東岡小の研究は）一言一言が子どもの姿をとらえる先生の気持ちっていうかな、スーッとこう入ってくるというのは私はすごく印象的でした」「先生見るよりは子ども、私の中では（なぜ）切れないで3年間続けられたかというと、子どもを見てい

られたから。それが、先生の発問がどうで、あそこでどうたらこうたらという授業（研究）なら、やっぱりそれはちょっと続かなかったかな」と振り返っている。この佐野教諭の語りは、たとえ従来の校内研究に意義を感じることができなかったベテランの教師も、子どもの姿に着目することで研究の意義を実感でき、学びが促進される可能性があるということを示しているのではないだろうか。

④　「授業者の願い」を尊重することの難しさ

　しかし東岡小においても、授業者の願いを尊重するということは容易ではなかった。6年生の総合で「わら」を題材とした研究授業を行った原田教諭（20代）はインタビューの中で、高学年ブロックのメンバーのスタンスを、「単元構想の中にもろに入ってくる」とやや否定的に表現していた。ここからは、原田教諭にとっては授業者としての自分の願いを「尊重された」というよりも「阻害された」と感じていたことわかる。そして、「もっと他の先生の意見を取り入れられれば」と思いつつも、「結局自分を押し通しちゃった」と述べており、高学年ブロックのメンバーの意見を受け入れることができずに自分の願いを貫き通したと振り返っていた。

　ここで興味深いのは、高学年ブロックの他のメンバーは授業者とは少し異なる物語化をしているということである。同学年の担任だった森井教諭（50代）は「うまく指導できなかった」と自省しつつも、「結局どこをどうしたいのかっていうのがはっきりしなかった」「授業者のカラーを出すべき、幹を持つかっていうこと」と述べており、原田教諭が「貫き通した」と思っていた授業者の願いや意図は、森井教諭にはむしろ見えていなかったということがわかる。また、同じく高学年ブロックの渋谷教諭（40代）は「彼（原田教諭）が本当にやりたかったのと多少狂ってきたっていうか彼が引いた部分があるんですよね」「原田先生はわらをステップにして地域の人やコミュニティの方に行きたかったんですけど、わらだけでも奥が深かった」と振り返っている。原田教諭は、わらづくり名人のゲストティーチャーとの出会いをきっかけに、地域の人や伝統文化（祭りなど）の魅力を発見するような学習への展開を構想していた。

しかし、渋谷教諭をはじめとする高学年ブロックのメンバーは、「わら」という題材は奥が深いので急がずにじっくりと学んでもよいのではないかとアドバイスをした。それが結果としては、授業者の願いを埋没させるかたちとなってしまったのである。

　では、授業者の願いを尊重するためには、まわりで支える教師はなるべく意見を言わない方がよいのだろうか。答えは否であろう。前述の「ソーラーカー」（4年生総合）の事例でも、実は授業者の初発の構想は、中学年ブロックで厳しく批判され修正を余儀なくされたということがあった。それにもかかわらず、授業者の木原教諭（20代、4年担任）は中学年ブロックに支えられたと意味づけていた。中学年ブロックと高学年ブロックでどのような違いがあったのだろうか。

　1点目は、授業者の願いの理解である。この願いとは「どのような題材がよいか」といった教材選択だけにとどまらず、「子どもたちの実態はどのようであり、その子どもたちにどのように育ってほしいか」といった子どもの実態を踏まえた成長への願いである。中学年の木原教諭は、初めは「ソーラーカー」ではなく「福祉」を題材とした学習を構想していた。その背景には「団結力をつけてほしい」「子ども同士の関係性を深めてほしい」という子どもへの願いがあった。中学年ブロックのメンバーは、この木原教諭の子どもへの願いを聴き出して理解したうえで、「福祉だけにこだわらずクラスの子どもたちが興味を持っていることを探るところから始めよう」と投げかけたのである。一方で、高学年の原田教諭の場合は、「わら」をきっかけに「地域」の学習に展開したいという教材選択のレベルでの授業者の願いは理解されていた。しかし、「わら」や「地域」の学習を通してどのような子どもを育てたいのかという願いは十分に共有されていたとはいいがたい状況であった。

　2点目は、子どもの実態の共有である。中学年ブロックでは、先ほどの木原教諭へのアドバイスをきっかけにクラスの子どもたちに目を向けたところ、理科で学習した「ソーラーカー」に興味を持っている実態がわかり、授業の構想の練り直しにつながった。つまり、単なる批判ではなく子どもへの理解を促す

ような働きかけだったといえよう。一方で高学年ブロック会では、「わらを深く学ぶ」か「地域学習に展開する」か、という教材選択については検討されたが、子どもたちの実態把握を促す働きかけや実態の共有は乏しかった。その結果、高学年ブロックのメンバーの意見に「妥協するか」、授業者の意見を「押し通すか」という二項対立図式での教材選択の思考にとどまり、子どもの実態に照らして教材を吟味したり授業構想を再検討するまでには至らなかったといえるのではないだろうか。

このように当事者が主体となる授業研究を実現するためには、事後研究会で子どもの姿を通して語るというだけではなく、事前の授業構想段階においても教師の願いや子どもの姿が尊重される必要があるということがわかる。2008年度の段階ではこの点において課題が見られたが、次年度以降、どのように克服されたのか見ていきたい。

(2) 2年目——「子どもの姿の重視」と「算数の研究の推進」とのはざまで

① 新しい校長の着任と研究テーマの変更

当事者が主体となる授業研究が定着して2年目の2009年度は、定年退職となった小田校長に変わり、新たに吉川校長が東岡小に着任した。それに伴い校内研究に大きな変更があった。まず、従来の研究テーマである「活力ある授業の創造〜学びを創り出す授業研究」に「算数科を通して」という文言がつけ加わり、「生活科と総合的な学習の時間」から「算数科」の研究にシフトした。研究の柱としては「算数科における言語活動の充実」と「授業研究・校内研究のあり方を探る」の2点が定められた。さらに、吉川校長が所属している算数の研究会の先輩で元校長である城山氏が外部講師として加わった。

東岡小の研究紀要によれば、「算数科」を研究テーマとした理由としては、「教科のねらいがはっきりしている」「ねらいに迫るまでにさまざまな手立てが考えられ、子どもたちのさまざまな考えが見て取れる」という教科の特質が挙げられている。

また、城山氏を講師として招いた理由については、吉川校長はインタビュー

で以下のように述べている。

「子どもについて語るっていうのはすごくいいなあと思って。やっぱり子どもありき、(中略)子どもについて語るってまず大事だろうなと思った。ところが、(中略)語るはいいんだけど語ってその後どうするのというところがすごく心配でもあったんですね。算数の立場から言わせてもらうと、やっぱり算数の内容をキチッと身につけないかぎり、算数を通して言語活動ができるのかというのを思ってました。」

つまり、協議会において単に子どもの姿を語るだけではなく、教科内容を深めていくような指導助言が必要だと吉川校長は考えていた。それでは、このような研究体制の変化について東岡小の教師たちはどのように受け止めたのだろうか。

② 教師たちの葛藤──「子どもの姿の重視」か「算数の研究の推進」か

東岡小の教師たちの多くは、2009年度に入って「子どもの姿で語る」というスタンスが薄れてしまい「算数の教材研究」についての話題が多くなったと感じ、そのことに違和感を覚えていたようである。研究テーマ自体は、すでに述べたように、「算数」と「授業研究のあり方」の2本柱であり、研究協議会においては「子どもの姿で語る」というスタンスは従来どおり崩さないはずだった。

しかし、授業者や学年ブロックの事前の教材研究が十分でなかったために、研究協議会において城山氏が指導助言を行うなど「算数の教材研究」に関する話題が多くなってしまった。2009年度から研究主任となった森井教諭(50代)は「いつから算数の研究になっちゃったんだろう。(中略)これ違うんじゃないかな」と感じていた。また、水田教諭(50代)は「(子どもの姿よりも)算数科における言語活動が前に来ちゃった。(中略)普通の学校でやっている話し合いに戻っちゃった」と振り返っている。このように東岡小の教師たちは、新たな研究体制の中で、「算数の教材研究」についての話題が多くなっていることに違和感を覚え、従来どおり「子どもの姿」を重視すべきがどうかという葛藤を抱えていたのである。

③ 「子どもの姿」を語ることの重要性の再確認

この葛藤を乗り越えようという動きが教師たちの中から生まれてきた。そのきっかけは、11月12日の高見教諭（20代、授業者T1）と原田教諭（20代、授業者T2）の研究授業の研究協議会である。この協議会が「算数の教材研究」の話題が中心になってしまったという反省のもと、急きょ全体会が開かれ、今後の授業研究の方向性について確認がなされたのである。渋谷教諭（40代）は「藤本先生呼んでる意味ないんじゃないかということをみんなが言っていて、せっかく藤本先生が来てあれだけ子どものことを（重視する）視点で見てくれてるんだから、もうちょっと（自分たちも）見ていこうよ」という方向性を確認した、と述べており、子どもの学びに着目する藤本の授業の見方の価値をあらためて再確認し、今後の方向性を検討したことがわかる。

一方で、算数の教材研究や指導技術にふれることが否定されたわけではない。「算数のことが聞けるのも大事。テクニック的なことも聞きたい」（島本教諭、30代）という語りは、城山氏が語るような算数の教材研究や指導技術について学びたいという若手教師のニーズがあることを示している。加藤教諭（20代）も「城山先生が登場する場面、好きだったんですよ」と語っているが、同時に「それ（算数の教材研究）をブロックの中で（事前に）やらなきゃいけない」とも述べており、算数の教材研究のサポートは事前の学年ブロック会の中で十分に深めておくべきだという考えが読み取れる。

④ 「子どもの姿を語ればよい協議になるのか」という問い

2009年度は、算数の研究においても子どもの姿を通して語っていくという方向性があらためて確認されたが、事後協議会における協議の深まりについては課題が残っていた。原田教諭（20代）は「子どもの姿の羅列に終わってしまった」と振り返っている。森井教諭（50代、2009年度から研究主任）も「見取りが次にどうつながっていくかが弱かった」と述べており、「子どもの姿」を順番に語っていけばよいわけではないという認識が生まれつつあった。そこで加藤教諭（20代）や片岡教諭（20代）などは「司会の役割」を再検討する必要性についてインタビューで言及していた。発言同士をつなげたり、次時の授業展

開の構想につなげたりなどの工夫をすることで深まりのある協議にしていく必要性が東岡小の教師の中で自覚化されてきたといえよう。

　また、原田教諭（20代）は、授業者の願いや意図が十分に語られていなかったと振り返っていた。もちろんこれまでも協議会の冒頭で授業者の願いや意図を語る時間は確保されていたが、どのような子どもの姿をねらっていたのかということをより具体的に語られ共有されることで、より焦点化した協議が実現できるという指摘がなされた。ここで自覚化された課題が、次年度にどのようにつながっていくのか引き続きみていきたい。

(3)　3年目——子どもの姿を語り合うことを通した教師の自律的な学び

①　発言間のつながりを生む司会の役割の自覚化

　子どもの姿を羅列的に語るだけでは不十分だという昨年度の反省から、協議を深めるためには「司会の役割」が重要だという認識に至った。この反省を踏まえて、3年目の2010年度は年度最初の研究協議会の司会を外部講師の藤本が行うことで、東岡小の教師たちは話題のつなげ方や授業者の思いの引き出し方を学んだ。

　高見教諭（20代）は、「藤本先生が最初に司会をしてくださって、コーディネートしてくださったのがすごい大きい。（中略）一つのことを違う方面で見た人とか、同じ見方だった人がいるのは、そういう見方もあるのかっていうのが勉強になるし、私はそういうふうに見なかったなあとか、そこに乗っかれる楽しさがあった」と振り返っている。さらに、「ベテランの先生が司会をしてくださったのも若手が話しやすかったんじゃないかな。若手も頑張ろうと思うんですけど（中略）全体を見渡すっていうのはちょっと難しくて、話の流れを持っていくのとか」と語っており、藤本が司会のモデルを示したことに加えて、経験年数の長い教師が司会を行ったことで協議が活性化したという認識が見てとれる。

　協議会の話題がつながるように司会がコーディネートすることで、授業中の一つの場面について多様な解釈が出され、子どもの学びや教師の手立てについ

てより重層的に深められるようになったといえるのではないだろうか。
　②　「子どもの姿」を語ることを通した「教師の手立て」の吟味
　前年度は「子どもの姿」を語る価値についてあらためて確認された一方で、算数の教材研究の不十分さについての言及もあり、若手教師を中心に教材研究や指導技術を語ることに対するニーズが見てとれた。2010年度にはどのように変容したのだろうか。
　渋谷教諭（40代）は、「昨年の方、(中略)算数をきわめるっていうか算数の指導法的なことに話がいってたような感じがしたんですね。でも今年は子どもの姿とかを中心にしながら算数のことを段々話せるようになってきたんじゃないかな。(中略)算数の本質も見ながらうちがやっていたこともできると、総合のときに培ってきたこともできてくるし、(この研究を軌道に)乗せられるといいなと思っていますね」と語っている。子どもの姿を中心にしながら教科についても話題にしており、「乗せられるといいな」という言葉からは、渋谷教諭自身が研究に手応えを感じていることがわかる。前年度に算数の教材研究の不十分さを指摘していた吉川校長は、「質が高くなってきてる。一つは、その子を学習内容から見てとらえている。それは先生方が算数の学習内容についてしっかり勉強してきているなっていうのを感じる。もう１つは子どもの見取り。子どもの見取りというのはこの子だけを、(消しゴムで文字を)消したところまでを見ているというね」と語っている。子どもの授業中の学習過程を学習内容と関連させて具体的かつ詳細に把握できているという点で協議会の質の高さを評価しており、その背景には確かな教材研究があると述べている。
　また、2008年度に子どもの姿に着目する意義について語っていた佐野教諭（50代）は、「今年の１年間は子どもよりも教師がどこに立ってるか。…子どもと子どもをつなげるために教師がどこにいるか」「その子がこの教材に対してどう向かい合って、せっかく書いたのを消したとかうんぬんとかね。ただ拾うんじゃなくて、じゃ、そのときにどうすればよかったんだろうとか、なぜやらなかったんだろうとか。やっぱ担任の意図も聞きたいし。単なる見落としだったらそれはどう自分で反省するのか」と述べている。つまり、授業中の子ども

の姿をとらえたうえで、それに対する教師の手立てや背景にある意図について協議する必要があるという考えに変容していることが読み取れる。

③ 授業者や学年ブロックを尊重する研究体制と「自律的な学び」

2010年度からは授業研究会の頻度は学年ブロックごとに1回と少なくなったが、学年ブロックのメンバーが一丸となって授業者の思いを尊重しながら研究を進めていくようになった。

吉川校長は、東岡小の教師たちの研究姿勢について、「先生方が負担感を持たないんだよ。もういいよって言うんだけど、やりますって言われてやる。…目的に向かって一生懸命やってるときっていうのは、時間が経とうが大変だろうと思おうが、やっちゃうんですよね。…人から言われたらやらなきゃいけない。やれよって言われると、えーって言うけど」と述べており、自律的な研究姿勢を高く評価している。学年ブロックでの事前協議についても「僕は一切そこには関わらない、加わらない。やっぱり僕が言っちゃうと、その流れで行っちゃう可能性が非常に高い」と述べており、自らの関わりによって教師たちの自律性が崩れないように配慮していることがわかる。

高見教諭（20代）は、片岡教諭（20代）の研究授業に対して同じ学年ブロックのメンバーとして関わったことについて、「その単元が始まってからほとんど毎回授業を見に行って毎時間振り返りをして…自分が授業者じゃないのに…本当に自分でやりたいなって思うくらい自分ごとで」と振り返っている。研究授業の指導案審議だけでなく、都合がつくかぎりその単元の授業を直接観察し、当事者性をもって研究に臨んでいたことがわかる。また、「クラスに帰ったときに、この子もこういう心理だったんだなとか勉強になったりする」とも述べており、他の教師の授業を観察し協議することを通じて、担任している学級の子どもたちの理解の手がかりを得ていることがわかる。

また、原田教諭（20代）は、以下のように振り返っている。

「渋谷先生（40代）とずっとTTで組ませてもらってたんですけど、渋谷先生は本当にたくさん子どもの姿を追ってくださって。自分はやりたいことだけを言っちゃうところがあって、それを渋谷先生が上手に、それは子どもに適し

てるとか、それは流れないんじゃないかというところを、子どもの姿がこうだからこっちの方がいいよとか、そういうふうな言い方をしてくださったので。…自分も納得できるような進み方ができていたので、自分としてはすごくよかった。」

　原田教諭は、2008年度も渋谷教諭と同じ学年ブロックだったが、そのときは授業者だった自分の願いや意図が必ずしも尊重されてはいなかったと感じていた。上記の語りからは、学年ブロックでの渋谷教諭の関わりによって原田教諭が支えられたと実感していることがわかる。この2008年度と2010年度の違いは何だろうか。ポイントは、①授業者の願いや意図を尊重していること、②子どもの実態を共有していること、の2点であろう。2010年度になり、学年ブロックにおいて、授業者の願いや意図を尊重し、子どもの実態に即して協議がなされる自律的な研究指導体制が確立されてきたことがわかる。

4．授業研究の3年間のプロセスを通して見えてきたもの

(1) 子どもの姿で授業を語ることの意義

　東岡小の3年間の授業研究のプロセスを通して、あらためて子どもの姿で授業を語ることの意義を確認することができた。まず、子どもの姿を語ることが教師たちの自律的な学びを促進するということである。これは、事後協議会だけでなく事前協議の場においても、当該学級の具体的な子どもの実態について共有されることで、授業者の自律性が促進されることが確認できた。

　また、東岡小の2009年度、2010年度のように教科が研究のテーマになったとしても、子どもの姿をとらえることが重要だといえる。授業中の具体的な学びの姿をとらえることで教師の手立てや教材の研究を深めることができる。ただし、事後協議会において子どもの姿で語るためには、事前協議において子どもの実態に即した教材の研究を十分にしておく必要があることが確認された。

(2) 事後協議会が深まるための手立て

　事後協議会において、発言間のつながりがなく子どもの姿を単に羅列していくだけでは協議は深まっていかない。協議が深まるためには、まず、授業者の願いや意図が語られ、参観者全員に共有される必要がある。それを踏まえたうえで、授業を参観し協議がなされることで、協議が散漫にならなくなると考えられる。また、東岡小の2010年度に高見教諭（20代）が「一つの事を違う方面で見た人とか、同じ見方だった人がいるのは、そういう見方もあるのかっていうのが勉強になる」と語ったように、授業中の一つの場面に焦点を当てることで、多様な解釈が出され、子どもの学びや教師の手立てについてより重層的に深められることができるようになるだろう。

　東岡小では、発言間のつながりを生むために司会が重要な役割を持っていることが確認された。事後協議会の司会は、単に発言機会を回していくだけでなく、授業者の願いや授業中の一場面に焦点を当てて、教師たちから多様な解釈が語られるように促す役割が求められる。

(3) 教師の自律的な学びを支える関係性の構築

　教師の自律的な学びを支える研究体制については、とりわけ学年ブロックにおける授業者への関わりにおいて確認することができた。そのポイントは、①授業者の願いや意図の尊重、②子どもの姿の共有、の２点である。授業の願いや意図が受け止められ、具体的な子どもの姿を根拠に改善策が提案される場合は、授業者は自らの自律性が支えられたと感じるということがわかった。逆に、子どもの姿の共有がなく、単に授業者の手立てについて批判がなされた場合は、自律性が支えられたとは受け取りにくく、ともすると阻害されたと感じてしまう可能性があるということも今回の事例で確認することができた。

　また、東岡小の教師たちは「子どもの姿で授業を語る」という初期のフレームに満足せず、「発言間のつながりを生むにはどうしたらよいか」「教師の手立てや教材の研究について深めるためにはどうしたらよいか」という革新的な探

究を、トップダウンではなく、ボトムアップで自律的に行っていた。東岡小の3年間の研究プロセスを見ると、研究主任だけでなく20代から50代までさまざまな年代の教師が、受身的な現状追認でも単なる批判者でもなく、当事者として実に主体的に授業研究のシステムづくりそのものに関わろうとしていることがわかるだろう。こうした、「ダブルループ学習」(Argyris & Schön, 1978) ともいえる既存のフレームの問い直しも含めた教師たちの自律的で革新的な学びが組織的に実現していたことも確認することができた。

(4) 校長による教師たちの自律性への支援

東岡小の校長は一貫して教師たちの自律性を支援するような関わりを持っていた。2009年度に小田校長から吉川校長に代わり、算数の研究にシフトした。この研究テーマの変更に伴い、事後協議会の語りの変化が見られたときに、研究全体会が急きょ開かれ、教師たちから子どもの姿で語るべきではないかという問題提起が出されるということがあった。この事実だけを見ると、従来の研究を支持する東岡小の教師たちと吉川校長の方針が対立し、教師たちの自律性はむしろ阻害されているようにも見える。しかし、この研究全体会について、吉川校長は「研究会を開いた。(算数の教材研究が協議の中心になって) 本当にいいんだろうかって。すごいなと。思ったとおりになっていったな、必要なことだなと思いながら」と述べている。吉川校長は「子どもについて語るっていうのはすごくいいなあと思って。やっぱり子どもありき、(中略) 子どもについて語るってまず大事だろうなと思った」とも述べており、東岡小がこれまで培ってきた研究を理解しようと努め、教職員の思いを汲み取ろうとする姿勢がみられる。

また、研究授業の事前協議についても「僕は一切そこには関わらない、加わらない。やっぱり僕が言っちゃうと、その流れで行っちゃう可能性が非常に高い」と語ったように、教師たちの自律的な学びを尊重する姿勢をとっている。他方で、校長室には、算数の教材教具や資料がさまざまに用意されていて、ニーズがあれば吉川校長は日常的に相談に応じ、算数を中心に教師たちの授業づ

くりを支援している。

　こうした吉川校長の姿勢は、トップダウン的に変革をもたらそうとするだけでなく教職員に奉仕し支援していく「サーバントリーダーシップ」（グリーンリーフ、2008）としての側面も併せ持っており、教師たちの自律的な学びを促しているといえよう。

(5) 共同研究者としての外部講師の関わり

　東岡小においては、2009年度に校長が変わり、研究テーマがシフトした際に「子どもの姿で語る」という協議の姿勢は変わらず貫いていくことが確認された。この協議の姿勢が継続された要因としては、外部講師の鹿毛、藤本の存在は大きかったといえる。鹿毛、藤本は「子どもの姿で語る」という姿勢で協議に臨んでいる。インタビューにおいても二人の語りや姿勢は言及されており、「子どもの姿で語る」ことの価値を体現し続けていたということが、研究姿勢の継続に影響を与えたと考えられる。

　また、2010年度の初回の事後協議会では、藤本が司会も務めるなど、他の教師の語りを促し、つなげていくという姿勢も体現して見せた。協議の最後に指導助言の時間を設けて一方的に語るのではなく、協議の中に一緒に入ることで、外部講師の発言に権威性が帯びることを避け、対等に協議ができるよう努めた。東岡小では、外部講師と同様に管理職も指導主事も特別な時間枠を設けず協議の中に一緒に入る。このような姿勢は、指導助言者ではなくまさに「共同研究者」といえ、「子どもの姿で語る」ことの価値を体現していたとともに、教師のエンパワーメント（浜田、2012）をもたらし、東岡小の教師一人ひとりが授業研究の当事者として主体的に取り組める環境づくりを支えていたといえるのではないだろうか。

（大島崇）

〈参考文献〉

秋田喜代美（2006）「教師の力量形成―協働的な知識構築と同僚性形成の場としての授業研究―」東京大学大学院教育学研究科基礎学力研究開発センター『日本の教育と基礎学力』明石書店　pp.191-208

Argyris, C., Schön, D.A.（1978）. *Organizational Learning*. Addison-Wesley.

Brandt, R.（1989）On teacher empowerment: A conversation with Ann Lieberman *Educational Leadership* 46(8), pp.23-26.

藤岡完治（2000）『関わることへの意志―教育の根源』国土社

Fullan, M.G.（1991）*The meaning of educational change*. Teachers College Press.

グリーンリーフ、R. K.（金井壽宏監訳）（2008）『サーバントリーダーシップ』英治出版

浜田博文（2012）『学校を変える新しい力―教師のエンパワーメントとスクールリーダーシップ―』小学館

Hargreaves, A.（1991）Contrived collegiality: The micropolitics of teacher collaboration. In J. Blase.（Ed.）, The politics of life in schools（pp.46-72）. New York: Sage.

鹿毛雅治（2007）『子どもの姿に学ぶ教師―「学ぶ意欲」と「教育的瞬間」―』教育出版

鹿毛雅治・藤本和久・大島崇（2016）「『当事者型授業研究』の実践と評価」『教育心理学研究』64(4)、pp.583-597.

斎藤喜博（1968）『教師の実践とは何か』国土社

Shulman, L. S., & Shulman, D.（2004）How and what teachers learn: A shifting perspective. *Journal of Curriculum Studies* 36, pp.257-271.

第2部　授業研究に臨む

　第2部では、大学研究者が授業研究にどのように臨んでいるかについて、その具体像が紹介される。ここでは、授業を観察し、分析し、教師の学びをコーディネートする大学研究者サイドの視座が描かれる。授業研究に関わる大学研究者は、あくまでも外部者として政策動向や諸外国の教育動向、新たな教授理論や学習理論等の講述をこれまで期待されてきたが、学校現場で生起する諸課題に「異種専門家」（教師とは異なる専門性を有する専門家）として切実にかつ協同的に向き合うようなコンサルティング・パートナーにはなり得ないのだろうか。ここでは、各著者の来歴や専門性に裏打ちされるかたちで、その立場を積極的に活かしながら関わる大学研究者の姿が見出されるだろう。授業という場に立ち会い、授業者でも学習者＝子どもたちでもない視点で、そこで起こっていることを見て取り、読み解いていく。ここで提示される多角的な視座は、転じて、教師たちが授業研究で学びを深めていくうえでもさまざまなヒントを与えるものになるであろう。

第4章
実践経験者から生み出される授業記録と意味解釈

 1．授業の何を、どこから見るか

　研究授業を参観する人々は、教室のどのような位置から、何を見ようとしているのだろうか。何を意識して、自分の立ち位置を決め、見とろうとする対象を視野におさめるのか。授業研究において、本質的に問われることは、授業者の「授業のうまさ」などではない。授業という名のストーリーに、どのような意味や価値を見出すことができるかということである。まさに問われるべきは、観察者一人ひとりの「授業を見る眼」なのである。

　校内研究や公開される研究発表会における研究授業では、よく教室の後方から授業を観察する参観者の姿を見かける。一方で、教室の左右側面に沿った位置に立つ人もいる。子どもたちの机が縦横に並ぶ教室空間の制約から、後方に比べて側面のスペースは狭いが、あえてそうした場所が選ばれている。さらに、教室前方に立つ人もいる。正確には教室正面にある黒板の両脇付近斜め前方の位置である。ここは子どもたちの視線の妨げにならないよう配慮を必要とする場所であるが、教室の後方や左右側面に次ぐ、第三の立ち位置となる。

　教室後方の立ち位置をとる人の視野にあるものは、主に授業を進める教師の姿である。教師が何をするかということに視線が注がれている。授業を見るという場合、一般的には教師の言動に注目が集まる。教師の教材提示、発問や助言、板書の仕方など、そこに現れる指導技術等が観察対象になる。授業観察の目的が、教師の指導力量を推し量るといった側面を重視しているからである。

　それに対して教室の左右側面から見えるものは何か。ここからは子どもたちの横顔が見えてくる。子どもがどう学んでいるか、教師以上に子どもへ視線を

注ぐことが可能となる。もちろん側面からでも教師は見える。いや観察者の意識として、あくまで見るべきは授業の指導に当たる教師の姿であるとするならば、それは単に後方から側面に進んで、さらに教師に近づく位置に立ったにすぎないことになる。

　残された位置は、教室斜め前方である。ここからは主に子どもたちの学ぶ姿が見える。特に一人ひとりの表情がよく見え、発言内容も表情や口元の動きとともにわかりやすい。一方、授業者の傍でもあるため、横を見れば教師のこともよくわかる。つまりここからは、子どもと教師双方へと視線を向けやすい。あえてこの位置に立つということは、こうした双方性を意識しながらも、子どもの姿を教師の姿に優先させてみるという観察者の意思が示されている。それは子どもの学ぶ姿を核にして、授業と教師を見るということである。

　三つの立ち位置を比較したとき、それぞれに観察者の視野にあるものが違ってくる。その差異をどう意識し、自らのベストポジションを選択するか。私の場合は、可能なかぎり教室左側の斜め前方に立つようにしている。やはり授業は子どもの学ぶ姿を核にして見たいからである。また教室正面左側からの採光が多い日本の教室では、左側の斜め前方からであれば逆光にも煩わされずに、板書も見え、授業経過の記録を兼ねた写真撮影もしやすい。

　もちろん、教室の机がコの字の形やグループ等になっている場合もある。本来立ち位置そのものは状況に応じて柔軟にとればよい。ここでは観察者自身の視野にあるもの、視線の先に、子どもと教師の双方性を意識しながらも、子どもの学ぶ姿を優先させる意思の有無が問われるのである。

2．授業を記録にとる

　授業観察でもう一つ考えてみなければならないことは、記録のとり方である。研究授業であれば、用意された学習指導案などは当然持参されるであろうが、ここでは手書きの授業記録に備える用意があるかどうかが一つの指標となる。参観者が記録用紙を挟んだバインダーなどを手にしているか。授業が始まると、

やがてペンが動き出す。逐語記録を目指して克明に書く人もいるであろうし、印象的な言葉や様子をとらえてメモ書きする人もいよう。記録の多少が問題なのではない。授業の何を、どのように記録するか。その表記のありようが、同時に観察者の目的意識の実態を反映していく。

一方、指導案を手にしていても、特に記録もとらずに授業を眺めるだけですませる人もいる。記録などとらなくても、授業をよく見ることはできるという考えがあるのだろう。しかし、メモや記録を残さずに、通常研究授業後に行われる研究協議の場で、どこまで観察した事実に基づく発言や知見の交流が可能となるかは疑わしい。

意識の違いであるといってしまえばそれまでかもしれない。しかし授業を観察するというのであれば、これから展開される授業の中に生まれる子どもたちの言動に集中し、そこに表現されることや醸し出される雰囲気までも観察者自身の五感を駆使して静かに受け入れ、それらが意味することの多様な豊かさをていねいにとらえようとする構えを持ちたい。

資料1に掲げたものは、教師を目指す学生諸君に例示する「授業記録のとり方」である。授業は記録をとりながら参観する、という姿勢こそ、教師となるための学びの「はじめの一歩」となるからである。子どもの学ぶ姿に慎み深くまなざしを注ぎ、そこに何が生まれているかをていねいに見とることが授業観察の基本である。授業記録をとるという行為を通じて、子どもと教師、教室と学校の善さや課題との謙虚な出会いを得て、さらに思慮深く探究していく意識を磨くことが、教師を目指す学生から初任教師はもちろんのこと、日々新たに学び続けようとするすべての教師、研究者に求められているのである。

 ## 3．手書きの授業記録に記されるもの

筆者自身は小学校学級担任として20年間子どもたちと過ごし、授業実践に努めた経験を持つ。その後今日に至るまでほぼ同年数、全国各地の学校、教室に通い、授業研究協働者として歩み続けてきた。すでに数千の授業を参観してき

資料1　授業記録のとり方　　　　　　　　　　　　　　　　　　（小林宏己／早大）

時間	教師の言動	子どもの言動	（考察）
0	1t　それでは始めましょう。 3t　太郎くん、どうぞ。 9t　もったいないという意見と、安全衛生という意見が出てきたね。 11t　……	2C　始めましょう！ 4　（太郎）ぼくはスーパーの店長さんに聴いて来たんだけど、やっぱり売れ残りが出たときは安全のために処分しちゃうんだって。 5　（良子）処分て、すてることなの…。だったら、もったいない気がするけど。 6　（次郎）でも、売れ残りは取っておくとくさったりして品物の質が悪くなったりして危ないよ。 7　（麻衣）私もそう思う。店長さんは安全のためにそうするって言ってたのでしょう。衛生っていうか、ほらお客さんに変な品を売ったら店の信用がなくなるし。 8C　でも…それに…〈子どもたちの賛否のつぶやきがあちこちから出てくる。〉 10　（良子）でも、食べ物でもすぐにくさらないものだってあると思うし、ちゃんと分けているの？ 12　（　　）……	本時の課題が既に子どもたちに共有されている？　復習無用 ・教師が一度意見を交通整理している。
5			

【準備】　A4横書き用紙、バインダー

【留意事項】
1. よく聴き、よく観て、大切な部分を中心に書くようにする。決して全部をもらさず書こうとはしない。聴きもらしてもあまり気にせず、次の部分に注意を向けていく。あくまで自分用のメモ・記録でよい。研究資料あるいは公表する場合、必要に応じて全体を清書することも考えられる。
2. 並行して、VTR録画を撮り、聴きもらした部分を後ほど補うことでもよい。
3. 挙手発言ばかりでなく、つぶやきなども書くようにする。
4. 態度、しぐさ、雰囲気なども8Cのように書いておくようにする。
5. 教師はtでよいが、子どもは可能ならば名前を書く。座標式に、数値・記号化してもよい。この子は誰かということ・ほかの子と区別されることが、後ほど記録を読み解く際に必要となる。できれば「気になるこの子」を中心にして観察し、記録をとるとよい。
6. 時刻あるいは開始経過時間を適宜記録する。
7. 通し番号は、授業の終わった後に、全体を見直し（読み返し）ながら書き入れていくようにする。
8. 同時に授業の展開過程をいくつかの分節に分けてみる。
9. さらに記録を読み直しながら、「この子」にとっての学びの意味や教師の指導意図などを中心に解釈し、授業価値や新たな課題、自らの代案など、考察からの気づきを適宜書き入れていく。
10. 個人のプライバシーの保護、記録の保管には十分注意する。

たが、いつでも記録をとることだけは心がけてきた。授業研究に関係する研究者はそれぞれに独自の観察記録法を身につけているが、その具体はあまり公表されることはない[1]。ここでは、以下に私の観察記録法の一端を開陳する。授業研究を志す学生、教師の方々に批正を仰ぎながら、さらによりよい授業記録のとり方が開発される契機となればと願っている。

筆者は通常横書きの罫紙やノートを記録用紙として使用する。45分から50分にわたる授業の様子をその場で書き留めていくのであるから、それほど精緻に書き取れるわけでもなく、ましてや見やすく読みやすいものとはいえない。先に示した「授業記録のとり方」にあるような記述要素は踏まえているが、録画・録音データによって加筆・修正し精緻に整理した、研究資料としての記録には遠く及ばない。あくまで自分用のメモ書きであり、フィールド・ノートの延長上のものにすぎない。

資料2は、私がそうして手書きした授業記録の一例である。ここではプライバシー保護のため、子どもの名前を仮名にするなど一部修正しつつも、1頁ごとの紙面上の書きぶり、位置取りなどはほぼもとのままである。

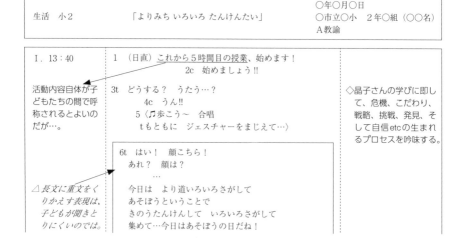

資料2　小学2年　生活科授業記録

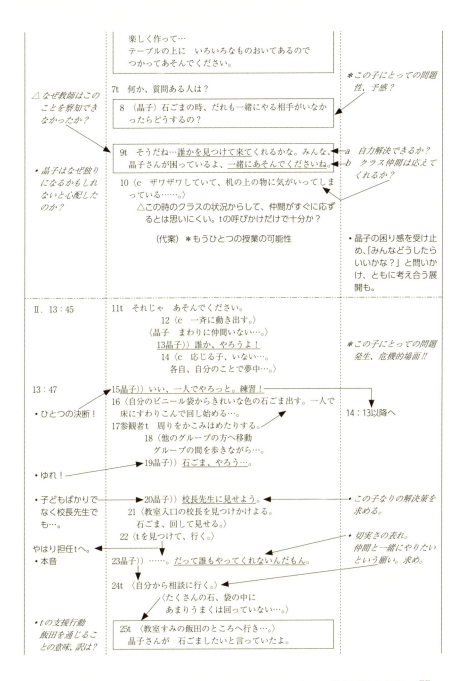

・ともに〜し合うことの意味、大切さ	26〈飯田、晶子　ともに近づき石ごまあそび始める。〉 27晶子））ねえねえ、飯田さん<u>一緒にやろう！</u> 28晶子））ねえねえ、<u>一緒にやらせて！</u> 29c　よーい、スタート。 30飯田））おれの石は、ジャイヤント…だ。	・活動を通してつながり合う子どもたちだが…
○t 気にしてあげているが…他の子たちの対応にもせまられていく…。	31t　わぁ、すごい！　<u>ふえてきたじゃない！</u> 〈活動途中で声をかける。〉	
△視野からはずれていくとき 13：54	32〈飯田たち、また　はなれていく…。 　　他の子たちも…。 　　晶子、また一人になってしまう。〉 33晶子））誰かいないかな…〈移動していく。〉 34〈石の置物グループのところへ行く。〉	・なぜ続かないのだろうか？
・石つながりの戦略か？	35〈見ていた後、急に、バケツを持って出ていく…水をくんで帰ってくる。〉　<u>水くみをしてあげた？</u> 　　36晶子））なに、かいてんの？　… 　　37〈反応なし〉 　　38〈また移動していく。〉	○関わりを求めていく姿… ＊<u>子どもたちの厳しさ、現実の姿へ直面</u>
III. 14：00 ◎晶子はドングリGの中でも自分から"こままわし"をリードしている!!	39〈晶子、<u>どんぐりごま作りのグループへ近づく。</u> 　40・テーブルについて、錐で穴あけ始める。 　　楊子さしてこま作り、ためし回しする…（1つ目） 　41・また穴あけ（2つ目） 　42晶子））誰もやらないんだもん…〈ひとり言？〉 　　　わぁ！　よく回る、わぁ〜い！	・やはり、もとの仲間のところへ、なのか？! ○どんぐりごまづくりをしているところの楽しそうな姿、表情が明るい。
・どんぐりの形と回り方に気がつく？ 石の形にも… （重心）	43・（3つ目）穴あけ 　44晶子））わぁ、へんなうんちみたいなもの、 　　　なかみ出た！　…よ〜し、回るか？ 　45・（4つ目）どんぐりを持ちながら 　46晶子））いいの見つけた！ 　　　〈と三上さんに言っている。〉 　　　まあるいの！ 　　　〈うまく　また、よく回る。〉 　47晶子））やった!!	

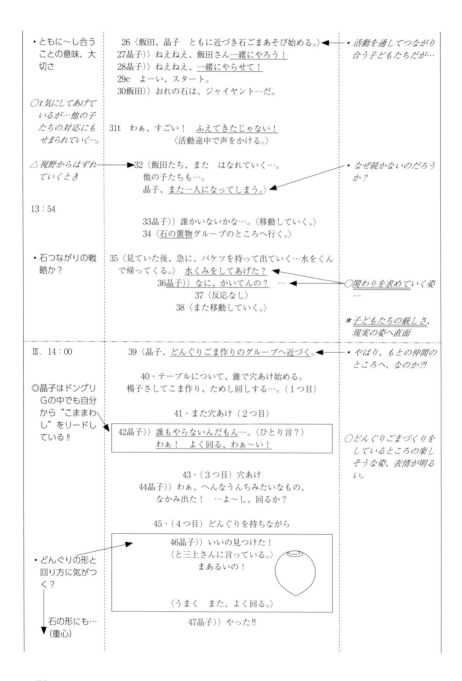

◎晶子⇔三上 生活関係性 ◎三上と活動しながらのコミュニケーションが晶子をほぐしていく。 ・名人へのあこがれ、希望	48・(5つ目)〈三上と話しながら…〉 ┌─────────────────────┐ │ 49晶子))石ごまの名人になれるか…。│ │ 50三上))どんぐりごまの名人は…。 │ │ 51「なれるといいな。」 │ │ 晶子！ │ └─────────────────────┘ 52・(6つ目)「割れちゃった。」 53・(7つ目)〈また、よく回る。〉	
14：12	54〈晶子、石ごまの袋とどんぐりごまも持って、tのところへ。どんぐりごまを回して見せる。〉	

14：13
＊大転換が図られる、晶子自身の手で
 	
＊13：47の「練習」に対する「本番」として
 	
＊あきらめていなかった!!
<u>ねばり強さ!!</u>
<u>こだわり！</u>
 	
＊願いをとげる中で知的な気づき、発見が生まれていく!!
	55〈晶子、再び黒板前へ。どんぐりごまを回してあそぶ。参観者tにも回して見せていく…〉
	56(内藤)〜が入ってくる。 2人であそぶ。
	┌─────────────────────┐
	│ <u>57晶子))</u> じゃ、こんどは石ごま対決！ │
	└─────────────────────┘
	58〈内藤、山田、高山と4人で〉
	59晶子))…私の石はきれいだけど、
	    こうげきにはよわいんだ。
	    〈はじきとばされたとき〉
	60〈さらに他の石ごまを出して、回す。
	    縦長の石も回す。〉
	61c「すごい！ 上手」まわりからほめられる。
	62〈全部の石を出す。〉
	<u>63晶子))</u> 全部、回そう!!
	64〈角田と対決…〉
		・認めてもらいたいこの子の気持ちが、今までのどこからきたのか？
		
		◎どんぐりごまから石ごまへ。
		本人の生きる場を。
		
		・よく考察している。
		
		・認められる
		
		・自信
		
		・全部回す

14：17	<u>65晶子))</u> あと、誰か対決してくれる!! 66〈tの方へ行き、田川さんと 回してあそぶ。 また縦長をたてて、回して見せたりしている。〉 67t すごい、上手!!	・新たな挑戦相手を

Ⅳ.14：20	68t 約束の時間がきたんだけれど…、
	    片づけてください！
	    69c えーっ!!
	    70晶子))オーマイゴッド！
	71t さあ片づけて！
		・もっとやっていたい子どもたちの意欲
		・すっかり余裕が出てきている…。

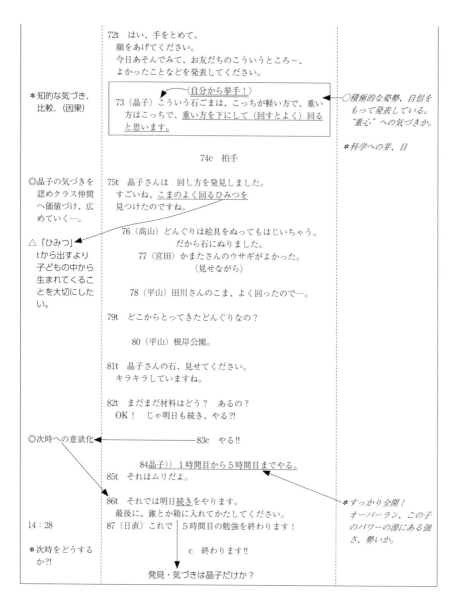

　記録された授業は、都市部にある市立小学校で公開された２年生生活科の研究授業である[2)]。主に次のような方法で記入されている。

記録用の罫紙第1頁の左上方には「教科・領域、学校種、学年」、中央に「単元名あるいは主題」、そして右上方の「授業実施年月日、学校・学年・学級（児童・生徒数）、実践者氏名」を記す。各頁紙面は左右に数センチずつの余白をとり（資料2では縦破線で示されているが実際は目分量で空けている）、中央部分を左詰にして教師の言動を、中央あるいは右側に子どもの言動をそれぞれ書いていく。その際、教師はt、子どもは（　）に可能なかぎり固有名を書くようにしている。中でも、晶子））のように二重の右片括弧で表記されている部分は、この子のつぶやきや自由発言であり、教師の指名などを受けて発言されたものと区別している。また〈　〉は主に場面の様子、状況説明などを記述している。さらに注目箇所、強調点などには囲み線や下線を引いたり、傍点や引き出し線をつけたりして、適宜補足事項を書き入れている。
　以上を基本的なルールとして、授業に生起する事象を中心に、黒・青・赤の三色ボールペンを使い、まずは黒字で書いていく。
　次に、記録していく最中に、観察者である私自身が気づいたこと、浮かんだ言葉などは、適宜左右の余白に青字で書き入れるようにしている。もちろん、授業の記録（黒字）とそれに対する観察者の当初の解釈（青字、資料2では斜体表記）を区別するためである。
　授業が終了した後、協議会が始まるまでの時間を利用して、記録を読み返しながら授業展開に関するおよその分節化を試みる。（Ⅰ、Ⅱ…とローマ数字をつけ、区分線を引く。資料2では2点破線で表記）授業の分節化にあたって、学習指導案によくある「導入－展開－まとめ」などのような定型化された学習過程にとらわれる必要はない。むしろ、そうした解釈の固定化を招く危険から離れて、本時における子どもの学びの姿がどのような展開を見せているかを振り返り、それをいわば一つの授業物語の起承転結になぞらえながら読み取り、分節の区切りを探すようにした方がよい。こうした記録の読み取り、読み直しを通じて、新たに気づいたこと、創発された解釈などを適宜左右の余白に赤字で書き入れていく。（資料2ではゴシック表記）こうした一連の作業を通して、筆者自身が研究授業後の協議に一人の協働研究者として参加するための準備が

整うことになる。

  4．学習指導案に描かれた目標と主な活動内容

生活科はその特質を「直接体験を重視した学習活動を展開し、意欲的に学習や生活ができるようにするところにある」[3]とあるように、特に子どもの興味・関心と学ぶ意欲そのものを尊重しようとする教科である。本時においても授業者の学習指導案には以下のような目標、評価規準が記され、その後に想定されるグループ活動の内容が挙げられていた。各グループの活動に関わって記された「・」の文は子どもの予想される、もしくは期待される言動が表現され、「☆」の文は教師の支援の具体的行動と意図が示されていた。なお、本時の開始直前に「本時修正案」が配布され、子どもたちのグループ活動とその構成に変動があったことが伝えられた。

(1) 単元目標

「よりみちいろいろたんけんたい」の活動を通して、まちの自然や人に親しみを持って進んで関わり、まちの自然のすばらしさや人と関わることの楽しさに気づき、まちへの愛着を持とうとする。

(2) 本時の目標

探検で見つけた木の実や石や花などを使って、遊びを創り出すことができる。

(3) 本時の評価規準

（生活への関心・意欲・態度）
　○探検で見つけたものに主体的に関わり、生き生きと遊びに浸ろうとしている。
（活動や体験についての思考・表現）
　○探検で見つけたものや身のまわりのものを生かして、楽しい遊びになるよ

うに工夫することができる。
（身近な環境や自分についての気づき）
　○探検で見つけたもののよさや、友だちと一緒に遊ぶ楽しさに気づいている。

(4) 本時の展開　－学習活動と内容－

　① 本時のめあてを確認する。
「たんけんで見つけたものをつかって楽しくあそぼう。」
　② グループまたは、個人で活動する。
〈アクセサリー〉
　・ドングリに穴をあけて、ネックレスができるよ。
　・椿の実を葉っぱにつけるとブローチになるよ。
　☆できあがったアクセサリーをほめる。
〈石の置物、飾り〉
　・石に拾ってきた木の実をつけてみよう。
　・石に色をぬってみようかな。
　☆石の形を生かして、置物を作る姿をほめて認める。
　☆石を使って遊んでいるグループと一緒に活動することも認める。
〈楽器作り〉
　・椿の実をたくさん箱の中に入れると、いい音がするよ。
　・貝でカスタネットができるよ。
　☆いろいろなものを使って音を出している姿をほめる。
〈服作り〉
　・ビニール袋にたくさん葉っぱをつけてみよう。
　☆一人でも、工夫して活躍する姿をほめる。
〈石ゴマ〉
　・平らべったい石の方がよく回るよ。
　・石の持ち方を工夫したら、回ったよ。
　☆新たにルールを考え出したら、ほめて認める。

☆後から、グループに入りたいという子どもを仲間に入れてあげられたら、ほめて認める。
〈どんぐりあそび〉（以下、省略）
（全体を通して）
　☆子どもたちと活動をともに楽しみながら、必要に応じて助言するようにする。
　③　互いの活動のよさを振り返る。
　・栗のボーリングでは、栗の立て方が上手にできているよ。
　・石の置物は、かわいい飾りになると思います。
　・石ゴマは、回し方を工夫したら、よく回って楽しかったです。
　・いろいろな形や色の石があったので、もっとおもしろい形が作れると思います。
　・次は、友達が遊んでいた遊び方や材料でも遊んでみたいな。
　☆困ったことがあったグループには、子ども同士の相互支援を促す。
　☆子どもたちと活動をともに楽しみながら、必要に応じて助言するようにする。

5．記録に基づき紡ぎ出す授業研究協働者としての語り

　一つの授業に埋め込まれた世界から、どのような意味や価値を引き出すか。授業研究協働者には、観察した授業をよりよく改善していくための課題と、さらに多様な学びを開いていくための可能性を提示することが求められる。観察者としての眼識が問われるのである。授業記録はとることが目的ではない。その読み取りに基づく分析・考察を通じて、研究協議に活かし、授業改善に結実させることが目指されている。
　本時の生活科授業はどうであったか。以下、記録をもとに授業の展開過程を素描しながら、筆者が研究協議の場で何をどう語るか、そのための論点整理を行ってみたい。

(1) この子に着目する授業観察

　教室の子どもたちは、すでに前時までの探検で見つけた木の実や木の葉、石や花などを使って、いろいろな飾りや遊びを創り出そうと準備していた。授業は6教師による本時のねらいの確認から開始された。「きょうは、より道いろいろさがして遊ぼうということで～」。そして7教師が「何か質問のある人いますか」と尋ねたとき、8晶子がこう発言した。
　「石ゴマのとき、誰も一緒にやる相手がいなかったらどうするの」。
　晶子のこの質問は唐突だ。なぜならば、修正された学習指導案にも「石ゴマ・ボーリング」とグループは明記され、数人の仲間が想定されていたからだ。9教師も授業冒頭の質問でもあり、多少困ったような様子を見せながら、「そうだね、誰かを見つけてきてくれるかな。みんな、晶子さんが困っているよ、一緒に遊んでくださいね」と教室の子どもたちに呼びかけて、その後の活動に入っている。
　はたして、晶子は本時でこの後どう活動するのか。指導案には、この子とは別に観察対象児Aが明記されていた。しかし、筆者は一見唐突に聴こえた8晶子の発言に、単なる偶然とは思えない何か訳があるのではないかと考え、本時は晶子を中心に観察を続け、授業記録をとることにした。

(2) この子にとっての切実な問題

　実は授業後、授業者から次のような話を聞いた。本来数人のメンバーで構成されていた「石ゴマ」グループから、授業直前になって晶子以外の子たちが「ドングリ遊び」へ移ろうとしていたという。つまり晶子の「誰も一緒にやる相手がいなかったらどうするの」という心配は単なる予想ではなく、きわめて現実的な問題だったのだ。修正学習指導案でグループ活動として予定されていた「石ゴマ」は、本時の冒頭いや直前から、晶子一人の活動になろうとしていたのである。
　13晶子は活動当初から「誰か、やろうよ」と、教室全体に聞こえる声で呼び

かけいく。しかし14他の子どもたちには、それぞれ自分のやりたいことがあるため、誰も応じようとはしない。そうした状況の中で、15晶子はこうつぶやく。
「いい、一人でやろうっと。練習。」
　そして自分が手にしていたビニール袋からきれいな色をした石を取り出し、一人床に座り込んで、石を回し始める。しばらくすると、今度は他の活動をしているグループの間を歩き回りながら、ときどき19「石ゴマ、やろう」と話しかけていく。しかし、状況は一向に変わらない。やがて20晶子は参観者の中から学校長を見つけると、「校長先生に見せよう」と言いながら駆け寄る。そこで石ゴマ回しをやって見せた後、今度は担任教師のところにも行き、何やら相談をしている。
「…。だって、誰もやってくれないんだもの。」
　25教師は相談に応えるようにして、この後教室の隅で一人活動していた飯田のところに行き、「晶子さんが石ゴマしたいと言っていたよ」と話しかける。飯田は自分でもたくさんの石を袋に入れて持っていた子である。教師はこうして晶子と他の子たちに「石ゴマあそび」の接点を生み出そうと支援する。
　晶子が飯田と石ゴマ遊びを始めると、やがて他の子どもたちが石ごまの輪に加わり、「一緒にやろうよ」「ねえ、やらせて」という会話が生まれていく。「よーい、スタート」「おれの石は、ジャイヤント○○だ」などといった弾む声が3分余り続く。しかしそれも束の間、仲間たちはもとのグループに戻り、32晶子は再び一人になってしまう。

(3) 問題解決に向けたこの子の言動が意味するもの

　この後、晶子はそれまでと違って積極的に他のグループで活動する子どもたちと接触を図っていく。まず34石に絵の具を使って着色していた石の置物グループのところに行き、しばらく作業を見ていたかと思うと、やがてこの子たちの筆洗いのバケツを持って教室を出ていく。そして新しい水に入れ替えて帰ってくる。しかしここでの出来事はこれだけであり、新たに石ゴマ遊びが始まるということはなかった。

次に39晶子がとった行動は、ドングリゴマを作っているグループ（大半はもと石ゴマグループの子たち）に入り、自分もドングリゴマを作り始めるということである。ドングリに錐で穴を開け、楊枝をさして回してみる。そうしたコマ作りを7回ほど繰り返している。その途中で、何度か自分から教師や周囲の子どもたちに作ったコマを見せに行き、「ほらね、すごく回るよ！」と話しかけたりしている。さらに、数人の子たちとドングリゴマを回し、競い合わせて遊んだりしていく。

晶子がドングリゴマを作り、回して遊び出してから10分ほどが経過したときのことである。57晶子が突然こう言ったのである。

「じゃ、こんどは、石ゴマ対決！」

この言葉をきっかけにして、他の3人の子どもたちが実に自然な流れで手持ちの石を取り出し、晶子と一緒に石ゴマ回しを始めるのである。このときの晶子の表情は、それまでのどの場面よりも明るく輝いて見えた。石の大小、長短など、いろいろな形状の石が互いに勢いよく回り弾き合う。子どもたちは夢中になって遊んでいた。途中、晶子の石が大きく弾き飛ばされることがあった。すると、59晶子はこう言う。

「私の石は、きれいなんだけど、こうげきには弱いんだ。」

そして、新たにもっと強く回りそうな形を選んで再び挑戦していく。さらには、縦長の石を実に上手に回してみせて、周囲の子どもたちや教師からの賞賛を受ける。「すごい！　晶子さん、上手」という声に、晶子は得意そうに笑みを浮かべる。こうして、ようやく晶子の本時の目的であった、誰かと一緒に石ゴマ遊びをするという願いをかなえていったのである。

「よーし、全部回そう。」「あと誰か、対決してくれる？」

そう言って、他の子たちにも呼びかけた時であった。68教師から「約束の時間がきたんだけれど…、片付けてください」と指示が出る。ここで70晶子から「オー・マイ・ゴット！」の発言が出る。晶子の満足感と高揚した気分がよく表れた発言である。

片付けを終え、子どもたちみんなが黒板の前に集まる。72教師が「今日遊ん

でみて、お友達のこういうところ〜、よかったことなどを発表してください」と質問すると、最初に挙手して発言したのは73晶子だった。彼女は石ゴマを手にしながら、

「こういう石ゴマは、こっちが軽い方…、重い方はこっちで、重い方を下にして回すとよく回ります。」

「すごいね、晶子さんはコマのよく回るひみつを見つけたのですね。」

75教師の評価とともに、教室から自然に拍手が起こった瞬間であった。

晶子の一連の行動から、この子にとってどのような学びの意味を見とることができるであろうか。

まず本時冒頭において、晶子は切実な問題に直面した。

「誰も一緒ににやる相手がいなかったらどうするの」。彼女にとってこうした心配がまさに現実のものとなったしまった。もちろんこのことは、授業直前に石ゴマ遊びの仲間の多くがドングリゴマ作りへと変わってしまったことに気づいた晶子にとっては、すでに自覚された問題だったかもしれない。だが小学2年生の子にとって、他の子どもたちが皆グループで活動する中、自分だけが一人で行動しなければならない状況になってしまうという心配は、大きなストレスであったにちがいない。一人になってしまっては、石ゴマ遊びで対戦するという楽しみが失われてしまう。しかし、こうした切実な問題に向き合う自覚があったからこそ、本時から晶子自身の手で問題解決の扉を開いていく物語が生み出されたのではないだろうか。

(4) 教師に求められる支援的な指導性

教師は石ゴマグループのメンバーの変動をつかんでいたという。そうであるならば、こうした事態になることは十分予見できたはずである。本時では、晶子というこの子をどう支えていけばよいかということが問題となる。授業冒頭の8晶子の質問は、自らの危機を懸命に訴えようとした叫びである。その訴えに対して、「そうだね、誰かを見つけてきてくれるかな。みんな、晶子さんが困っているよ、一緒に遊んでくださいね」と応じた9教師の姿勢は適切だった

といえるか。

　この場面には授業展開上三つの可能性があった。

　一つは、石ゴマのメンバーにもとのグループに戻るよう促し、晶子にその遊びの場を保証すること。二つ目は、晶子の訴えを正面から取り上げて、「晶子さんが困っているけれど、みんなどうしたらいいと思いますか」と問いかけてみる方法。そして、三つ目は本時のように一応この子の窮状を受け止め、教室の子どもたちに助力を投げかけた後、予定どおり各グループの活動から入る方法である。

　第一の方法では、教師の指導で石ゴマ遊びの場が強制的に設けられるだけである。これでは呼び戻された子どもたちに不満が生まれるだけであろうし、晶子を含めた子どもたち全員が心から石ゴマ遊びを楽しむことにはならない。むしろ、子どもたちの関係性がかえって悪くなる危険性さえある。第二の方法をとれば、学級で晶子の心配をどうしたら解決できるかという話し合いが展開されることになる。こうした場合、学級でこれまでにも何度か同様な問題、つまりある子が困っていることをみんなで話し合い考え合いながら解決してきたことがあるか、その経験の有無が問われる。晶子の切実さを学級の仲間が自分事として受け入れ、共有しながら話し合うことができるかどうかである。一般的な小学校2年の学級では、こうした話し合いをとっさに成立させていくことは難しい。もしも話し合いが膠着して、予定した活動時間の短縮が迫られる結果を招くようであれば、やはり子どもたちの間に不満が残るであろう。

　本時において、教師がこうした複数の対案を比較・検討したうえでの選択であったか定かではないが、結果として第三の方法をとったことはやむを得ないであろう。こうした場合、教師は予定通り活動に入りながらも、助力を投げかけた学級の子どもたちと晶子のその後の様子を注意深く見守り、状況に応じて支援的な対応をとることが必要となる。だからこそ、9教師の文末は「みんな、〜一緒に遊んでくださいね」と学級の「みんな」に投げかけて終わるのではなく、「晶子さん、どうしたらよいか、先生と相談しながら進めていこうね」という一言がほしいところであった。せっかく勇気をもって自分に降りかかる困

難を訴えたこの子、晶子である。その思い、声を聴いた教師であるからこそ、確かな返事をこの子への言葉、声として返してあげてほしいのである。子どもは自分の存在を受け止めてもらい、その声をていねいに聴いてもらえている限り、たとえ困難な問題に直面していても、安心して積極的に取り組もうとする意欲を持ち続けるからである。

(5) この子の粘り強さとたくましさ

結局9教師の「みんな」への投げかけに応じる動きは生まれなかった。そうした危機的場面に際して、晶子が発したつぶやきは「いい、一人でやろうっと。練習。」という言葉だった。本時は晶子自身のたくましさに救われている。この「練習」という表現には、いずれ「本番」があるはずだという彼女の期待・願望がこめられている。その思いは、後にドングリゴマで遊んでいる最中の「じゃ、こんどは、石ゴマ対決！」という言葉につながる。

つまり、晶子の本時における行動は、「いったいどのようにしてみんなと一緒に石ゴマができるようになるか」という切なる願いを抱きながら、懸命にその実現に向けた試行を繰り返す姿であったといえよう。その試行は、まず石という同じ素材に関わる子たちの石の置物グループに接触し、「水汲み」というサービスをしてみることから始まる。次に、もと石ゴマメンバーのいるドングリゴマ作りに自ら参加していき、コマ回しの楽しさを共有することに努める。そして、楽しさのピークに達したところで、「じゃ、こんどは…」と自らの願いを表出させていったのである。それ以前にも、担任教師への相談や校長先生へのコマ遊びのアピールなど、自ら積極的に問題解決を図ろうとする姿勢に貫かれている。

こうして晶子の行動の意味を読み取ってみると、石ゴマ遊びをみんなとしたいというこの子の願いの強さが伝わってくる。同時に、その願いの実現に向けた粘り強さは、実に健気で頼もしくもある。この子の懸命さを支えていたものは、「私の石ゴマ」への思いであり、さらに「みんなと一緒に遊びたい」という願いである。一人で回すだけでは楽しくないし、コマ遊びは成就しない。晶

子にとって、本時において一緒に遊べる仲間の存在は必要不可欠だった。ようやくその願いを実現させたとき、晶子はこの授業で最高の笑顔を見せた。そして手持ちの石全部を取り出して、63「全部、回そう」と心を一気に開放していく。そして、石ゴマの回転と重心の関係にまで知的に気付き、新たな発見を生み出していったのである。

6．子どもとともに、教師も学び合う関係性の構築を

　自らの願いの実現に向けて懸命に行動する子ども。そこには必ずこの子が自らの切実な問題の解決を目指す学びのストーリーが展開されている。そのドラマの主人公はこの子であり、この子に関わる仲間たちである。そして関わる仲間の一人に教師の存在があるかどうか。この点にこそ教師の指導のあり方が問われることになる。

　今日アクティブ・ラーニングの名のもとに、「主体的・対話的で深い」が求められている。そうであるならば、「学力向上」のもとに、教師が一方的に指導性を発揮したり、子どもたちを競争に駆り立てたりする授業とは決別しなければならない。教える教師と学ぶ（学ばされる）子どもという関係性が固定化された学校、子どもたちが教師の方向ばかりに体を向けて個別に「目標達成」を目指す教室はもう要らない。そうした学校、教室ならば、発達を加速化させるAI（人工知能）がいつでも交代可能な用意を整えつつある。

　将来子どもたちが通い合う場としての学校がまだあるならば、そこで想定される学びのあり方は、個別化された孤立的な学びではなく、子ども一人ひとりが個性を発揮しつつも相互に協働する学びが基本となっているであろう[4]。AIを十分に活用しながらも、固有の顔と名前を持つ子どもたちが協働して活動に取り組み、互いに思慮深く共鳴し合いながら、知的創造を分かち合う場が学校であり、教室である。こうした「協働的で、思慮深く、分かち合う学び」を通して、子どもたちは知識や技術の習得ばかりでなく、直面する切実な問題に対峙しながら、人間としてよりよく生きようとする希望や勇気、自信や信頼など

を身につけていくのである。

(小林宏己)

〈註〉

1）次山信男・小林宏己編著（1990）『授業記録のとり方活かし方―よい授業づくりの基盤と形成―』 東洋館出版
2）この授業は2002年11月、某県公立小学校で実施された。小林宏己（2003）「授業実践に基づく教師の指導と子どもの学びのズレに関する考察」『東京学芸大学附属教育実践総合センター研究紀要』第27集　pp.1-10
3）文部省（1999）『小学校学習指導要領解説　生活編』p.3
4）小林宏己（1999）『個のよさが生きる学校　個のよさが生きる学校カリキュラムの創造』東洋館出版　p.63。小林宏己編著（2006）『子どもの学び・教師の学び』教育開発研究所

第5章
教師と研究者の対話に基づく校内研修の充実

　本章では、教師と研究者の対話に基づく校内研修の充実を、いくつかの視点から物語りたい。まず1節では、「教師たちの学びの舞台としての校内研修」を定義する。教師たちは、なぜ学ばなければならないのか、その舞台としての校内研修にはどのような特徴があるのかについて、再確認する。続いて、2節では、校内研修に対する大学研究者の関与について述べる。専門的な学習共同体としての学校は、その組織的学びである校内研修の持続的な発展を願うかぎり、外部支援者を必要とする。そのレパートリーを確認するとともに、その一人としての大学研究者の存在に注目する。また、大学研究者の校内研修への接近の原則についても解説する。そして、3節では、大学研究者として筆者が校内研修にどのようなスタンスで臨み、いかなるアクションを起こしているかについて、授業研究会の企画・運営の時間軸に即して、その詳細を語る。それは、教師と研究者の対話に基づく校内研修の充実を願う、一人の大学研究者の苦闘記である。

 1．教師たちの学びの舞台としての校内研修

(1) 教師たちは、なぜ学ぶべきなのか

　教える立場にある教師たちは、学び続けねばならない。それは、逆説的に聞こえるかもしれないが、しかし、真理である。
　一般的に、授業は、保守的なものになりやすい条件下にある。まず、教室は、物理的に閉じられている。それゆえ、他者の目にさらされにくく、それが批判的に検討される機会を欠くと、授業がマンネリや教師たちの自己満足に終わる

危険性が高まる。それ以上に、大人である指導者と子どもたちとの関係性は、前者の価値観や考え方が尊重されやすいという、ひずみをはらんでいる。子どもたちは、重要な他者である教師たちの信念を自身に投影しがちであるし、学習に関する評定を下す権利を握っている教師たちの言動に異論を呈するのに抵抗を感じがちであろう。そうした傾向性を意識し、授業が独善的なものにならないようにするために、教師たちには、学び続け、自身が是としてきた教え方を相対化し、その改善に努める姿勢が望まれる。

　さらに、教師たちが、子どもたちに学んでもらう内容は、時に大きく、また時に小さく、変わる。これまで、わが国においては、学習指導要領は、それが告示されてから10年経つと、その内容が改訂されてきた。新しい学習内容を子どもたちにどのようにして出会わせ、そしてそれをいかにして会得させるか——教師たちは、子どもたちを指導するにあたって新たな実践的知識を必要としよう。そして、その変化のスピードは速くなっている。今日、わが国の学校の教育課程は、10年を待たずして改訂される可能性がある。平成13年1月から中央教育審議会に教育課程部会が常設されることになり、その「不断の見直し」が可能になったからである[1]。教師たちには、その時代に即した指導とカリキュラムを子どもたちに提供するために、また、それに伴う評価を推進するために、教育課程の改訂の意義やその内容を学び、それを具体化する営為が要請されよう。

　加えて、学校をめぐる状況にも、変化が生じる。例えば、学校選択制や学校評価システムの導入、学校評議会の発足といった新たな教育制度への対応を、学校は今、余儀なくされている。それらは、これまでとは異なる学校像に基づく営みであり、教職経験が豊かであれば対応できる類の問題ではない。その対処に多面的な思考が求められる問題だ。それには、個々の教師が持てるアイディアを結集し、それらを学校として組織化して初めて対応しうる。しかも、制度の（少なくとも部分的な）改変のスピードが早く、学校としての組織的な対応も、すぐにその再構築が必要となる。教育のポリティックス、教育制度の刷新もまた、教師たちに、専門職としての学びを求めるのだ。

(2) 教師たちは、どこで学ぶべきなのか

　専門職としての教師たちの学びは、多様な舞台の上で繰り広げられている。それは、図1のようにまとめられよう。

　これは、教師たちが、彼らに共通して求められる力量の獲得やその向上を目指しているのか（共通性）、それともむしろ自らの興味やニーズに応じて個別の力量形成を図っているのか（個別性）とい

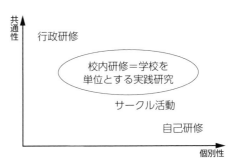

図1　教師の学びの舞台（木原俊行（2010）「校内研修の研究と実践の展開」[2] より引用）

う軸を組み合わせた平面に、多様なスタイルの教師たちの多様な学びを位置づけようとしたものである。

　まず都道府県や市町村教育委員会が企画・運営する「行政研修」は、国やその地方の教師が共通して身につけるべき力量の形成を意図したものである。それゆえ、対象者に対して同じプログラムが提供される。教育センター等に対象者を集めて実施されるのが通例である。法定研修と呼ばれる初任者研修や教職十年経験者研修、あるいは、学校マネジメントや校内研修の企画・運営等に関するリーダー研修など、その対象者やその内容は、とても幅広い。

　一方、「自己研修」は、個々の教師が、主として勤務時間外に、自らのニーズに基づき、その機会を設定して取り組むものである。教育書を読む、各種の実践セミナーや教育フォーラムに参加する、フィールドワークに従事する、大学院に進学する等々、彼らの自主的な取り組みはすべて、この範疇に属する。例えば、筆者が所属する大阪教育大学には、現職教員が学べる大学院たる、連合教職実践研究科が設置されている[3]。毎年、十数名の現職教員たちが、18時から21時過ぎまで、講義や演習に臨んでいる。学校実習等に関するゼミナールなどは23時近くまで催すこともある。現職教員たちは、例えば、学習指導につ

いて、校内研修の企画・運営に関して、自らの実践を相対化し、それを他者の経験知と融合しながら、実践理論を構築している。

なお、原理的には自己研修に属する、教師の学びではあるが、特筆すべきものとして、「サークル活動」がある。これは、

写真1　大阪教育大学大学院連合教職実践研究科の講義風景

学校をまたいだ、実践研究に関する、教師たちのコミュニティである。わが国では、いわゆる民間教育研究団体による運動は、長い歴史を有し、教育現場の取り組みに示唆を与えてきた[4]。例えば、算数・数学や理科等の教材やカリキュラム、指導法の開発と普及に関して、いくつかの団体が大きな役割を果たしてきた。また、いくつかの組織によって、学級集団づくりの新しい方法論が提案され、実践されてきた。

さらに、1980年代に登場した教育技術の法則化運動は、教師たちの実践知を集積し、環流させるためのシステムを構築し、その地歩を確立した[5]。現在は、その取り組みを発展させ、インターネットを舞台にして、オンラインで情報を交換したり、事例や教材を共有化したりしている[6]。

これらは全国規模の教育実践ネットワークであるが、各地域に、大小さまざまな研究会が組織され、運営されている。その中には、毎週のように授業実践事例の報告会を開いているものもある。逆に、1年に1度、大きな集いを催すケースもある。いずれにしても、サークル活動は、わが国の教師たちにとって、力量形成の貴重な機会であり、世界に誇る教師文化であるといえよう。

さて、もう一つ、教員研修の舞台が残っている。「校内研修」である。これは、同じ学校に属する教師たちの共同的な営みである。同じ子どもたちに接し、

同じ条件のもとで教育実践に取り組む教師たちには、当然、共通する課題があり、また似たような手立てが必要とされよう（共通性）。しかしながら、同じ学校の中であっても、そこで教育実践を繰り広げる教師たちには、経験や志向性の違いもあるのが、一般的な状況だ。したがって、校内研修の企画・運営においては、前述した共通性と矛盾しないかたちで、個別性も満たされねばならない。さらに、同じ地域であっても学校が変われば、課題が変わるのだから、学校内の共通性は、学校間の違い、換言すれば学校としての個別性への注意を要請する。

　ところで、わが国の教師たちの伝統的な学びの舞台である校内研修は、今日、専門職のコミュニティにおける共同的な学習に関する、新しい概念と重複するところが多い。すなわち、校内研修はいわゆる「専門的な学習共同体（Professional Learning Communities）」における組織学習として性格づけられる。専門的な学習共同体は、組織経営論においてセンゲ（Senge, P.）が提唱した、「学習する組織」にヒントを得て生まれたものである[7]。「学習する組織」とは、自らが期待する成果を生み出すために、それに必要とされる能力、とりわけ新たな思考法が生まれ、継続的に高められている、構成員がともに学び方を継続的に学んでいる組織である。変化する社会にあっても発展する、強い組織の特徴として説明される。

　専門的な学習共同体としての学校では、教師たちが、学校に生起する問題の解決を目指して、それに要する専門的な知識や技術を高めるために、また、それにまつわる倫理を磨くために、同僚と研鑽を積む。ホードとソマース（Hord, S. M. & Sommers, W. A.）によれば、専門的な学習共同体には、「信念・価値・ビジョンの共有」「分散的・支援的リーダーシップ」「集団的学習とその応用」「支援的な諸条件」「個人的実践の共有」という特徴がある[8]。これは、わが国の教師たちが、同僚と繰り広げている校内研修の企画・運営、それが満たすべき要件によく似ている。

2. 教師たちの学びへの大学研究者の関与
― 校内研修にどう接近するか ―

(1) 校内研修への第三者の接近の必要性と可能性

　専門的な学習共同体たる学校の教師たちは、校内研修を通じて、授業の設計・実施・評価に関わる力量（授業力量＝授業づくりに関する信念・知識・技術）を高めることができる。例えば、ある教師がカリキュラム開発に着手したり、新しい指導法を試みたりする様子を傍らで見ていれば、刺激を受けよう。自分も新しい授業づくりに着手してみたいという気持ちが高まるに違いない（信念）。あるいは、ICTを活用する授業に初めてチャレンジすることになると、仲間のサポートを直接的・間接的に受ける中で、例えばデジタルコンテンツを準備したり、実物提示装置を利用したりするスキルが高まるであろう（技術）。

　さらに、授業研究会においては、研究授業後の協議会で交わされる意見に接して、教師たちは、授業づくりに関する新しいアイディア、つまり実践的「知識」を豊かにすることができる。そこでは、教師たちが、１つの授業に関する「気づき」を出し合い、多様な代替案を構想したり、関連する授業実践を紹介し合ったりするからだ[9]。校内研修やそのシンボル的存在である授業研究は、学力向上のプレッシャーによる形骸化等を理由にその衰退が批判されることはあるが、それでもなお、わが国の教師たちの専門職文化であり、専門的な学習共同体の営みとして高い価値を有している。

　それに、外部組織に属する、つまり教師たちにとって同僚ではない第三者が参与する意義があるのか――筆者は、あらゆる組織の成長には、外部エージェントによる情報や道具の提供が欠かせないと考えるので、校内研修も、持続的な発展を目指して、学校外の他者と協働的関係を築いて企画・運営されることを願う。そもそも、創造的な営みを繰り広げようと思えば、発想を変えたり、新たなチャレンジを構想したりする必要があることは自明であろう。それらを、同じ組織に身を置き、ルーチンワークに従事しているメンバーに期待するのは、

一般的には、難しい。

筆者らは、ある研究プロジェクトにおいて、実践研究を継続・発展させている小中学校の取り組みを比較検討して、共通する特徴を抽出し、それらをモデル化したことがある。当該モデルは、基盤的要因たる「Z-1. 研究推進の文化の存在（地域・学校）」「Z-2. 管理職のリーダーシップの充実」「Z-3. 実践的リーダーの活躍」に加えて、「A. 分散型リーダーシップの発揮」「B. グループ・アイデンティティの形成」「C. 学校と学校外組織とのネットワークの構築」「D. 必要なリソースの獲得と有効利用」という４つの要因の存在とその関係性を示すものである（図２）。とりわけ、それら４つの要因のうち、「C. 学校と学校外組織とのネットワークの構築」に長けていることが学校における実践研究を持続的に発展させるための鍵を握っていることを明らかにし、そのための学校のアクションに関して、詳細モデル（図３）を描いている[10]。

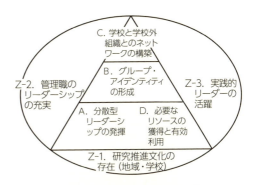

図２　学校研究発展要因の３層モデル[10] (p.10)

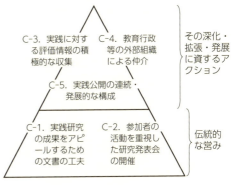

図３　「C. 学校と学校外組織とのネットワークの構築」の２層モデル[10] (p.11)

(2) 校内研修に参画する外部支援者のレパートリー

校内研修に参画する、学校外組織の人間には、かなりのレパートリーがある。ここでは、それを「外部支援者」と総称しよう。教育委員会スタッフは、当然、

第５章　教師と研究者の対話に基づく校内研修の充実　　99

その代表である。しかも、彼らの参画は、多面的だ。まず、多くの場合、都道府県や市町村の教育委員会のスタッフは、計画的に、学校を訪問し、校内研修を含む学校経営について点検・評価しなければならない（ただし、その頻度には、地域や学校によって著しい差がある）。次いで、彼らは、いくつかの学校の要請に応じて、校内研修に直接的および間接的に協力する。それは、授業研究会の企画・運営への協力、例えば研究授業に対する指導助言に象徴されよう。加えて、教育委員会の研究指定を受けている学校については、校内研修の計画策定や研究発表会の開催に関しても、支援者や助言者として、また、評価者として、当該学校の校内研修に参画している。

　また、小中連携教育等が推進される過程で、ある学校の校内研修に他の学校の教員が参画するというケースも、今日、珍しくはない。異なる学校の教師たちが相互に外部支援者になるわけだ。多くの地域では、夏季休業中等に、小中学校の教師たちが合同研修会を催して、情報交換や共同作業に勤しんでいる。課業期間中に小学校の教師たちが実施する授業研究会に、当該学校が位置する中学校区の小中学校の教師たちが参加し、授業に関する気づきを幅広く交流するという機会も、少なからず地域で設定されるようになった。

　さらに、民間企業やNPOなどの組織のメンバーが、外部支援者となり、ある学校の校内研修の企画・運営において一定の役割を果たすこともある。例えば、ICT活用の普及を図る学校では、テクノロジー関連企業が学校のICT環境の整備や教師たちのICT活用をきめ細かくサポートしている。学力向上を校内研修テーマに掲げている学校では、学力調査を開発している企業が、データの読み解き方や結果の活用方法を教師たちに指南している。

　そして、大学研究者も、外部支援者として校内研修に参画する可能性を有している。今日、洋の東西を問わず、小学校や中学校に勤務する教師たちと大学で教鞭を執る大学研究者が共同的に研究活動を繰り広げるという営みは、盛んである。しかも、それには、いくつかのバリエーションがある。例えば、木原は、教師と研究者の共同授業研究において大学研究者が果たす役割に注目し、それを「パートナー」「コーディネーター」「ファシリテーター」に分類してい

る。そして、それらの関係をモデル化している[11]。

　最も頻繁なのは、小中学校の教師たちが大学院に入学し、そこで大学研究者が指導教員となって、教師たちの実践研究の計画・実施等を指導する場合であろう。そして、当該教師たちが、校内研修のテーマに関わる実践研究を企画・運営すれば、研究者は、間接的に、校内研修に対して、ある種の関わりを有することになろう。もし大学院入学者が校内研修を牽引するリーダー的教師であれば、大学研究者の校内研修に対する影響力は、いっそう強くなる。

　続いて、大学やそこに在籍する研究者個人が推進している研究プロジェクトに、いくつかの学校が協力するケースだ。プロジェクトであるから、なんらかの資金に基づいて企画・運営されるので、研究のテーマや期間、取り組み方等はあらかじめ決められている。例えば、科学教育の振興、学力向上のための授業改善、小中一貫教育のためのカリキュラム開発等に関して、教育委員会の仲介を経て、それらを校内研修テーマに据える学校がプロジェクトに参加することが多い。大学側にとってはフィールドの確保、学校側にとってはリソースの確保というメリットがある。

　そして、もう一つが、個々の大学研究者が、学校とインフォーマルに交わり、外部支援者として機能する場合である。多くは、学校が「意中の人」である大学研究者に、校内研修推進上の助言を依頼して、その交わりは始まる。ある年度に、たった1度だけ、研究発表会の際の指導講師、講演者として大学研究者が招聘されるケースから、10年以上に及んで、しかも毎年何度も、大学研究者が学校に足を運び、校内研修テーマが授業に体現しているか、それをベースにしたカリキュラムが開発されているかに関して教師たちと密な議論を繰り広げるケースまで、これも多様性に満ちている。いずれにしても、大学研究者が当該の学校が設定する校内研修テーマについて、なんらかの専門性を有していることが前提となる。大学研究者が教師たちとは異なる専門性を有していることは、大学研究者が教師たちからカリスマとしてあがめられるという危険性をはらむ一方で、実践家と研究者が互いの専門性を響かせ、新しい授業を創造する舞台が創出される可能性をもたらしてくれる。そのための交流や共同の原則に

ついては、後述する。

　なお、実際には、校内研修への大学研究者の接近は、同時にいくつも成立可能である。筆者も、大学教員となって20年以上が経つが、毎年のように、上記のいくつもの役割を並行して果たしながら、教師たちと接している。

(3) 大学研究者の校内研修への接近の原則

　ある組織の営み、とりわけ、その学びに、外部支援者たる大学研究者が関与するためには、いくつかの前提が満たされねばなるまい。校内研修に外部支援者が関わりを持つ場合も、例外ではない。例えば、対等互恵とか相互作用的といった哲学は、当然、遵守されねばならないだろう。さらに、外部支援者が学校と共同的に問題解決活動に従事する場合には次のような点に十分に配慮すべきであると、筆者は考える。

　まず、何をどのように学ぶべきかについては、当事者たる学校の教師たちが基本的に決定するという原則を遵守しなければならない。シャインがコンサルテーションについてそう述べているように、校内研修を教師たちの共同的問題解決の場であると把握すれば、その問題について最も通じているのは当該学校の教師たちであるから、大学研究者は、校内研修テーマや授業研究のスタイルについて、彼らの意思決定を尊重すべきである[12]。

　続いて、学校のスタッフとの間に豊かなコミュニケーションが確保されることが必要だ。ある学校の校内研修に参画する場合、大学研究者は、当該学校の教師たちは何を目指して、授業やカリキュラムのどこをどのように変えたいのか、あるいは創造したいと思っているのかについて、彼らにヒアリングしたり、それについて意見交換の機会を設定したりする必要があろう。その相手は、管理職、校内研修担当のリーダー教師、一般教諭と広がりがあることが望まれる。また、そのタイミングも、授業研究会の日だけでなく、それを節目としながら、継続的であることが期待される。異なる組織、属性、専門性を有している者が建設的に交わろうとすれば、互いの価値観や考え方、それぞれの状況等を理解するための時間がかなりの程度必要になるからだ。

そして、三つ目は、そうした共同の軌跡を文章に残すことである。互いの思いやアイディアに関して文章に記す過程で共同の意義を再認識できるし、残された文章は、次なる共同のテキストにもなり、マップにもなるからだ。そうしたアクションは、学校の教師たちと大学研究者の双方に求められる。学校側は、研究推進リーダー教師が中心となって研究紀要の作成や研究通信の発行に取り組むとよろしかろう。大学研究者は、学校訪問記の作成やブログ・SNSを通じた情報発信に努めるとよいだろう。例えば、石井は、大学研究者ではないが、外部支援者としてたくさんの学校の校内研修に参画した経験に基づいて、「訪問後に授業をした一人ひとりにコメントを送付すること」や「個人的にメールが来てその教師の相談に応じること」、さらには「学校訪問の後、これはと思うことに出合うと文章にする」ことなど、外部支援者が校内研修に関与する際に文章を綴ることを重視している[13]。

3．大学研究者が授業研究に関与する際に

　学校が専門的な学習共同体として発展を遂げるために、それを通じて各教師の授業力量が高まるために、外部支援者、とりわけ大学研究者は、校内研修やそのシンボル的存在である授業研究に、前節で述べたような原則に従って、具体的にはどのように関与すればよいのであろうか。多くの大学研究者が、校内研修に身を投じる際に、校内研修が持続的に発展することを願い、さまざまな工夫を講じている。また、それが十全なものにならないことに悩みを抱いている。筆者もまた、その一人である。しかし、四半世紀以上にわたって小中学校における校内研修に関与してきた経験の中から、校内研修が持続的に発展するために外部支援者たる大学研究者がどのような役割を果たし、そのためにいかなるアクションを起こすべきかについて、ある程度の知恵をつかんでいる（ように思える）。それは、断片的なものではあるが、ここであえて紹介したいと思う。それらが、読者が校内研修への参画にトライする際の参考材料となることを願って、筆者の努力や工夫を授業研究会の運営に即して時系列的に示す。

(1) 研究授業に臨む前に

　筆者は、1年間に、少なからずの数の授業に接する。小学校1年生から中学校3年生までのほぼすべての教科・領域の授業を見学する。ある学校を訪問して、1日に、少しずつではあるが、たくさんの授業を見学するケースもあるから、1年間に読解する学習指導案の数は、ゆうに100を超えるであろう。けれども、恥ずかしながら、小中学校において自分で授業を実施したことはない。自分で学習指導案を作成したのは、30年近く前に、中学校における教育実習において、社会科の授業を数回担当したときが、最初で最後である。

　したがって、当然のことながら、ある学校の研究授業に臨む前に、しっかりとした予習が必要である。それは、その学校の校内研修に関わる資料と研究授業の学習指導案の読解を基本とする。まず校内研修に関わる資料については、校内研修のテーマや年間スケジュールについての理解を深めるために、校内研修の計画に関わる文書を可能なかぎりたくさん閲覧する。そのテーマは、いかなる背景のもとに生まれているのか、それは、いつ設定されどれくらいの期間続いているのか、実践研究の重点事項や授業モデルが設定されているのか等々について記された文書を学校にリクエストして届けてもらい、状況を理解する。

　過去の研究資料、例えば過年度に作成された研究紀要等も入手して、校内研修の推移まで理解して学校に足を運ぶことができれば、理想的である。最近では、学校のホームページからそのような資料を入手できるケースも少なくない。これらのアクションは、そもそも校内研修の持続的な発展という見地からどのように評価できるかについて、資料から予備的に考察するためのものだ。実は、「持続」と「発展」の両方を満たす校内研修の枠組みを構成することは、容易ではない。「持続」しているけれども、「発展」はなくマンネリに陥っているケース、継続性を欠いて目新しいテーマに飛びついているケースにも、少なからず遭遇する。そのような場合は、なぜそうなっているのか、その要因にまで思いを馳せるとよろしかろう。

　続いて学習指導案の読解である。まずは、学習指導案の叙述を読み、その、

展開をシミュレーションしてみる。そして、校内研修のテーマに即して重要であると思われる場面をピックアップする。後述するように、筆者は、研究授業において、その場面を映像におさめたいので、この作業は、筆者にとって、まるで番組作りのロケーションハンティングをしているに等しい。

　その後、大きくは二つのベクトルに基づいて、学習指導案の読解を深める。一つは、校内研修のテーマや枠組みとの整合性である。学校が定めている校内研修のテーマや枠組みに基づいて学習指導案を分析してみると、当該研究授業の特徴と課題を予想できる（実際の授業が学習指導案どおりには進むわけではないので、あくまで予想である）。加えて、学校が定めている校内研修のテーマや枠組みからすれば、当該研究授業には記されたものとは異なる、いかなるオルタナティブがありうるのかまで考えてみる。それは、単元、教材、本時の学習過程、学習課題や発問とさまざまなレベルに及ぶ。さらに、授業研究会に複数の研究授業の実施が設定されている場合には、それらを比較して、同じ学校の複数の教師たちの研究授業の共通点、差異点を導出しておく。加えて、当該研究授業以前の学習指導案とも、校内研修のテーマや枠組みとの整合性という視座から、比較しておきたい。整合性が高まっている、少なくともそうしようという意志が感じられれば、その学校が専門的な学習共同体として組織学習を繰り広げていることを確認できるからだ。

　もう一つは、教師個人の成長という観点である。この学習指導案を作成したのはどのような教師（たち）なのかという視点に立脚して、学習指導案を眺めてみると、その叙述が意味するものを深く理解できることがある。例えば、教職経験である。同じ学習目標・本時の展開であっても、経験が異なれば、学習指導案の叙述の意味が変わる。同じ学習活動が用意されていても、それが若手の教師の精一杯の努力の産物の場合もあるし、ベテラン教師の新たなチャレンジの場合もあろう。当該教師がどのような状況にあるのかは、何度も同じ学校を訪問していれば、ある程度把握できる。しかし、その学校の校内研修に初めて協力する場面や当該教師が異動して最初の研究授業の場合は、それらを指導観等の表現から推測しなければならない。学習指導案を手にしてから授業研

会の日までに時間があれば、そうした個別的事情を校内研修推進リーダー教師に尋ねてもよろしかろう。授業研究会は、専門的な学習共同体である学校の組織学習の一環であるが、同時に、個々の教師のライフストーリーに位置づく、プライベートな営みでもある。彼、彼女は、何を思い、何に悩みながら、この学習指導案を作成したのか——大学研究者は、個別の教師たちの物語を想像する努力も惜しんではいけない。

　以上のような分析や想像は、校内研修の計画等に関する文書や学習指導案を介在とする、教師たちと筆者の声なき対話である。教師たちが綴った授業やカリキュラムに対する思いやアイディアを大学研究者たる筆者は、一人、研究室で、通勤の電車内で、多面的にとらえようと、そしてさらなる可能性を追究しようと、格闘する。さらに、そうした努力によって得られた気づきを筆者なりの言葉で文章に表す、多くの場合は気づきをプレゼンテーションソフトのスライドに入力する。

　続けて、筆者は、さらなる可能性を具体化してくれる実践事例を探索する。過去に同じような校内研修テーマを設定して、別の教材で実施された授業、同じ教材であるが異なる展開で実施された授業等の記録をひもとく。あるいは、インターネット等で検索する。それらのデータを先のプレゼンテーションソフトのスライドに挿入して、当該研究授業を解説するための資料を（いったん）完成させる。事後協議会において、このような別の授業の実践事例を提示する営みは、研究授業の事実を起点とする議論を好む授業研究スタイルからすれば、力点の置き所を誤っていると思われるかもしれない。しかし、筆者は、そのようには考えない。むしろ、それは、ある学校の教師たちと別の学校の教師たちの間接的な対話を促すものであると考えたい。そして、それができることが、多くの学校現場を知る、すなわち授業、教師、学校の多様性に通じている大学研究者ができる、校内研修への支援のかたちの一つであると考える。

(2) 研究授業に臨んで

　授業研究会の日に学校を訪問して、大学研究者は、何をすべきであろうか。

研究授業における教師と子どもの様子をつぶさに見学する、そこで気づいたことを記録に残し、事後協議会に備えるといったことに努力を傾注することは、当然である。このとき、教師の教授行動に注目するのか、それとも子どもの言動に焦点を当てるのか――授業の見方にも、多様性がある。筆者は、運よく、ある著名な教育研究者の方と一つの研究授業を同時に見学できることになって、その方が授業のどこに注目し、いかなる反応を示しているかを眼にしたことがある。その研究授業の大半の時間、その方は、子どものつぶやきに耳を傾けていらっしゃった。それも、集団思考のメインルートから外れた、もしかしたら、その子どもも自分がつぶやいているとはわかっていないかもしれない、自然な語りを積極的に拾っておられた。その教室には、ほかにもたくさん、いわゆる大学研究者が存在していたが、その方の授業に対する反応（体の動き、うなずき方等）は、他の大学研究者のものと一線を画していた。

　研究授業を含む、授業の空間で何を見出そうとするのか――それに正解はない。もちろん、授業研究を企画・運営する学校が校内研修テーマに掲げている内容は尊重しなければならないが、それにどのような次元や切り口で迫るかは、大学研究者の信念や専門性に依存しているように思う。筆者は、前述したように、校内研修の持続的な発展を願っているので、基本的には、校内研修のテーマに関する、自身が有する授業原理や授業モデルを活用して、研究授業に分析的に接する。例えば、思考力・判断力・表現力の育成を標榜している学校の研究授業に臨んだ場合、子どもたちが思考等を繰り広げる時間が確保されているか、彼らから多様な考えが呈される教材や学習課題が用意されているか、彼らがそれを個別的に追究するための学習手段の多様化が図られているか等々である。研究授業中に校内研修のテーマに該当する場面に遭遇したら、即座にデジタルカメラで映像記録として残す。同時に、それが、事前に学習指導案を読解したときに抱いた気づきと呼応しているのか、それともそうではないのかを判断し、後者であれば、当該場面の特徴や課題を新たにどのような文章で表現するかについても瞬時に考える。

　筆者は、さらに、そのような分析・表現作業をできるだけ立体的に展開す

ことを心がけている。例えば、目の前の教師と子どもたちの様子に注意を払いつつも、それが前の時間や他の教科等の学びとどのようにつながっているのか（いないのか）を確認しようとして、掲示物を眺めたり、子どもたちに前時までのノートを見せてもらったりしている。研究授業を実施している隣のクラスも、筆者にとっては、見学の対象だ。二つの教室の掲示物を比較検討したり、子どもたちが自習している場合には、その様子にも目を向けたりしてみる。さらに、例えば前回の授業研究会の際に他のクラスで営まれた研究授業における教師と子どもの様子と当日のそれとを比較して、どこが似ていて、何が違うのかについても、考えてみる。運がよければ、当該研究授業を実施している教師が過去に行った研究授業に接しているかもしれない。あるいは、同じ学校の別の教師ないしは別の学校の教師が過年度に実施した、同一の単元・題材の研究授業を見学しているかもしれない。それらの場合には、筆者は、現在と過去を往還して、複数の授業を比較しながら、当該研究授業の特徴を見出そうとしているということになる。

　さらに、筆者は、当該研究授業を見学している、同僚教師の様子を把握することにも、かなりのエネルギーを注いでいる。彼らが研究授業にどのようなスタンスで接しているかは、校内研修の持続的な発展のバロメーターである。教師や子どもたちに近づき、彼らの言動にうなずいたり、逆に首をかしげたりしている姿。予想外の展開に驚いたり、心配そうにしていたりする表情。筆者は、夢中になって、研究授業を見学し、その可能性と課題を思考している（あるいは、残念ながら、そうなっていない）同僚教師たちの様子を記憶にとどめる。時には、学習指導案や授業評価シート等に何を記録しているのかを見せてもらったり、写真におさめさせてもらったりもする。筆者にとって、校内研修における授業研究会は、あらゆる参加者が学び合いを繰り広げる舞台である。研究授業は、そのためのよき教材である。それゆえ、その教材と学びの主体たる教師たちがどのように出会っているかを把握することは、筆者にとって、授業研究に接近する際の最も重要な視点なのである。

(3) 事後協議会の最中に

　研究授業が終了し、いくらかの時間をおいて、それを題材とする事後協議会がスタートする。それには、多様なスタイルのものが考えられる。研究授業を担当した教師が自評をした後、参加者が自由にコメントを呈する進め方もあれば、参加者がグループを組んで付箋紙や模造紙などの道具を利用して構造的に協議するやり方もある[14, 15]。後者についてであるが、秋田によれば、「集団相互関係を処理する技能の改善をもたらす方法として、ワークショップが強力な道具のひとつになる」と、アクション・リサーチの提唱者であるクルト・レヴィンは語っている[16]。校内研修は、授業を自律的に改善したいと願う教師たちの問題解決的な営みであり、アクション・リサーチ的色彩を帯びている。そうした見地からすれば、近年、校内研修のシンボル的存在である授業研究会においてワークショップ的活動が尊重されているのは、望ましいことである。

　しかしながら、グループを構成したから、付箋紙や模造紙を利用したから、それで協議が豊かなものになるかというと、必ずしも、そうではない。事後協議会の手法ではなく、そのデザインが問題であるからだ。筆者は、事後協議会は、優れた授業と同じデザインで進められるべきだと考える。すなわち、個々の教師の研究授業に対する気づきが呈され、それが集約された後、司会役の教師によって「教師集団全員で協議するに値する論点」が定められ、再度グループ別ないしは全体での議論が導入されるというデザインが、校内研修の持続的な発展という視座からすれば、理想的だ。それゆえ、筆者は、司会役の教師による論点整理のサポートをすることがある。例の研究授業に対する立体的な分析に基づいて、「○○○について考えてみましょう」と投げかけて、（司会役の教師が司っている）教師間の対話のコーディネーションを補佐するわけだ。

　ここでも、筆者は、参加者の言動に細心の注意を払う。研究授業に関して同僚教師からどのような気づきが示されるのか、そしてある教師の気づきに他の教師はどのような反応を示しているのかについて、積極的に情報を収集する。さらに、それは同じ学校の以前の事後協議会と同様の風景なのか、同じ校内研

修テーマに基づいて研究的活動を繰り広げている他の学校と同じ様子なのかといった眼差しも有して、事後協議会に身を投じている。

　事後協議会における、そうした情報収集や分析を踏まえて、筆者は、事後協議会の最中に、自身がコメントを繰り広げる際に用いる、プレゼンテーションソフトのスライドを完成させる。事前に用意したスライドの表現を変えたり、順序を入れ替えたり、参照する他校の事例を差し替えたりする作業が完了するのは、自身が研究授業等について語る時刻のほんの少し前となる。換言すれば、事後協議会の最中、筆者は、事前に用意したスライドを改変し続けている。ただし、筆者は、校内研修の持続的な発展を願っているので、事後協議会における語りは、多くの場合、①校内研修テーマに即した、当該研究授業の特徴と課題、②校内研修テーマに即した、別の授業の可能性（他の事例の紹介）、③校内研修のテーマや枠組みの改善可能性に関する展望で、構成される。

(4) 授業研究の終了後に

　授業研究が終了しても、校内研修が持続的に発展するための支援として、大学研究者にできることがある。まず、授業研究会当日に、事後協議会終了後、研究推進を担っている教師たちと、当日の授業研究会について、さらには、それを含む校内研修の枠組みについて、反省的に対話している。その際には、学校が組織として校内研修を計画していることを踏まえて、すぐにでも変えられることと時間をおいて条件を整えてから変更すべきことを分けて考えるよう、教師たちに働きかけている。

　ここでも、教師間の対話のコーディネーションを促す役割とともに、他校の事例を紹介し、学校が校内研修の企画・運営を点検・評価し、改善するための情報提供役も果たしている。後者については、「参考になる学校について教えてもらいたい」という直接的なリクエストを頂戴することが少なくない。それに応じるべく、筆者は、自身が関わっている別の学校、そうではないけれども文献等でその特徴を理解している学校、研究指定校や事業協力校等を思い浮かべて、その学校が自律的に学び続けるためにモデルとなる学校を紹介しようと

している。そうしたモデルは、「学びの共同体」の実現による学校改革のオピニオンリーダーである佐藤が「『学びの共同体』づくりの学校改革を推進している校長や教師は、その多くが各地のパイロットスクール（現在、約200校）を訪問し教室を観察したことを直接的な契機としている」と述べるように、校内研修の持続的な発展を教師たちが実現するための大きな力となりうる[17]（p.126）。それゆえ、外部支援者たる大学研究者には、校内研修テーマに即した事例校を提供できる知識の多寡が問われよう。

　学校を発ってからも、校内研修の充実に努力を傾注する教師たちと筆者の対話は続く。筆者の場合は、インターネットのブログがその舞台だ。筆者は、「授業研究と教師の成長に関するデジタルポートフォリオ」と名づけている、自身のブログに、学校を訪問したり、行政研修に協力したりした軌跡を報告している[18]。それは、実にささやかな日記にすぎないのであるが、当該学校の教師たちにとっては、少なからずの意味を持っているらしい。「〇〇〇のように、本校のことが記されていて、うれしかったです」「△△△と書かれていて、またやってみようと思いました」といったブログの記事に対する反響を頂戴することが少なくないからだ。

　文章化することで、校内研修の持続的な発展が促進される取り組みは、さらに続く。筆者は、例えば、教育雑誌や教育図書の原稿執筆の折りに、自身の主張を具体化するために、事例を参照する。あるいは、そうした書物において、いくつかの学校の教師たちに、実践を報告してもらうよう、出版社と調整する。それは、筆者にとっても、学校の教師たちにとっても、校内研修の取り組みの事実とそれに対する思いを確認し、そのよさを再度味わい、次なるチャレンジを展望する、よき契機となっている。

　本節で述べた、筆者が大学研究者として学校の校内研修に接近する際に大切にしている点は、特別、目新しいものではあるまい。多くの大学研究者が留意している常識にすぎないものも少なくない。恥を忍んでそれをオープンにしたのは、それでもなお、ここで記したような小さな努力は、教師と研究者の対話

に基づく校内研修の充実を実現するためには大切なことであるし、大学研究者が忘れがちなことであるとも思うからである。また、1度や2度はそれを履行できたとしても、それをたくさんの学校を相手に、何十年にもわたって続けることは容易ではないと痛感しているからだ。実際、筆者も、能力不足、時間不足等のため、ここまで述べてきたアクションのすべてを一つの授業研究会で遂行できない場合もある（そのようなケースの方が多いかもしれない）。そのとき、教師たちとの対話が十全なものにならず、筆者は、自己嫌悪と後悔の念にさいなまれながら、学校を後にしてきた。こうして自己内省的に、大学研究者として校内研修に関与する際に留意していることや起こしているアクションを整理してみて、筆者は、それらの重要性と可能性を再認識できたし、その徹底や改善を続けることの尊さを実感できた。そして、あらためて、大学研究者として、教師たちとの対話、それを通じた校内研修への関与の方法論を学び続けることを誓いたいと思う。

（木原俊行）

〈註〉

1）『平成18年版　文部科学白書』（文部科学省のホームページ：http://www.mext.o.jp/b_menu/hakusho/html/hpab200601/002/002/006.htm）より。
2）木原俊行（2010）「校内研修の研究と実践の展開」北神正行・木原俊行・佐野享子『学校改善と校内研修の設計』学文社　pp.64-82
3）詳細は、大阪教育大学大学院連合教職実践研究科のホームページの授業科目一覧（http://osaka-kyoiku.ac.jp/rengokyoshoku/classes.html）等を参照していただきたい。
4）田中耕治（2005）「序章　戦後における教育実践のあゆみ」田中耕治編『時代を拓いた教師たち』日本標準　pp.13-34。
5）安彦忠彦（2002）「教育技術（の）法則化運動」　安彦忠彦他編『新版　現代学校教育大事典 2』ぎょうせい　pp.185-186
6）その活動はTOSSという名称の組織に継承されている。詳細は、同組織のホームページ（http://www.tos-land.net/?action_search=true&key=&tcc=）を参照されたい。
7）Senge, P.（1990）*The Fifth Discipline: The Art & Practice of The Learning Organization*（邦訳：センゲ, P.（1995）『最強組織の法則―新時代のチームワークとは何か―』徳間書店）.

8) Hord, S. M. & Sommers, W. A. (2008) *Leading Professional Learning Communities: Voices from Research and Practice* Corwin Press.
9) 木原俊行（2009）「授業研究で共に育つ」社団法人初等教育研究会編『教育研究第64巻第9号』不昧堂出版　pp.18-21
10) 木原俊行・島田希・寺嶋浩介（2012）「学校における実践研究の発展の状況や要因に関する比較検討―『専門的な学習共同体』の発展に関する理論を用いて―」日本教師教育学会第22回研究大会（於：東洋大学）自由研究発表配付資料
11) 木原俊行（2004）『授業研究と教師の成長』日本文教出版
12) E. H. Schein（1999）*Process Consultation Revisited: Building the Helping Relationship* Addison-Weslei Publishing Company, Inc.（邦訳：シャイン、E. H.（2002）『プロセス・コンサルテーション－援助関係を築くこと』白桃書房）
13) 石井順治（2014）「授業の質を保障する外部助言者の役割」秋田喜代美編『対話が生まれる教室』教育開発研究所　pp.168-177
14) 木原俊行（2004）「研究授業の実施と結果の活用」　木原俊行編『［学習指導・評価］実践チェックリスト』教育開発研究所　pp. 36-37
15) 村川雅弘編（2005）『授業にいかす教師がいきる―ワークショップ型研修のすすめ』ぎょうせい
16) 秋田喜代美（2005）「学校でのアクション・リサーチ」秋田喜代美・恒吉僚子・佐藤学編『教育研究のメソドロジー―学校参加型マインドへのいざない』東京大学出版会　pp.163-183
17) 佐藤学（2012）『学校改革の哲学』東京大学出版会
18)「授業研究と教師の成長：木原俊行の研究・教育に関するデジタルポートフォリオ」のURLは、http://toshiyukikihara.cocolog-nifty.com/である。

第6章
子どもの思考と人間形成に視座をおく徹底した授業分析の視点から学ぶ

　私たちは授業研究を何のために行うのであろうか。授業を改善するため、そしてよりよい授業を創造するためであろうか。しかし、ではなぜ授業を改善しなければならないのか、よりよい授業を創造しなくてはならないか。また、そもそも授業を改善するとはどういうことか。よりよい授業とは何か。こういった問いを常に自覚的に意識しておかなければ、授業を改善すること、よりよい授業をつくることが目的になってしまう。本章で取り上げる授業分析は教育における目的と手段の転倒を避けていくために基本的に存在すると筆者は考える。

　子どもが学校で過ごす時間の大部分は授業であり、子どもにとって授業は日常生活の一部である。この日常生活としての授業を、その授業中だけではなく、授業以外の場面も射程にいれて、徹底して子どもの側から問い直すものが授業分析である。すなわち子どもたちは教師や他の子どもとの関わりの中で、何をどのように思考し、どのように人間形成を図っていこうとしているのか。その検討を通して教師が自己の指導と自己を省察する点に授業分析の本質がある。

　子どもたちは本来その一人ひとりが個性ある独立した人間である。個性ある独立した人間として自由な思考をする存在である。私たちはしばしばそのことを忘れてしまう。未熟な存在として子どもをとらえ、指導支援していかなければならないということが先にきてしまう。そして、多くの子どもたちは、私たち教師に合わせてしまう。合わせると楽であり安心安全だからである。しかし、そのことは子どもたち一人ひとりの思考と人間形成を阻害してしまう。本章では授業分析の視点から、教育の実践的なブレークスルーへの展望を試みたい。

1．授業分析とそれを支えるもの

(1)「おむすびころりん」の事例から

①　「おじいさんとねずみはどうしてお話ができるの？」

　小学校1年生の国語科「おむすびころりん」の授業である。穴に落としたおにぎりをきっかけにおじいさんとねずみが交流する物語の授業。ベテランの女性教師Aが発問した。「おじいさんは働き者でしたか」。その発問に対して良子（仮名）は直接答えずに「でもね、先生。おじいさんとねずみはどうしてお話ができるの？」と発言した。A教師は顔色を変えて少し怒った口調で「今はそんなことを考える時間ではありません」と言った。まわりの女の子たち数人が口を合わせて「良子ちゃんはどうしていつも先生を困らせるの」と言い立てた。そして、A教師は「どうしていつも先生の邪魔をするの。来週は偉い先生が授業を観にくるからあなたは発言しないように」と今度は語気を荒げて続けた。

②　教師にとって授業とは何か

　さて、良子はいったいどうしてこういった発言をしたのだろうか。良子の発言に対してA教師はなぜそういった対応をしたのだろうか。また、まわりの女の子たちはなぜああいった言葉を良子に投げかけたのだろうか。

　このやりとりから考えられることは、A教師にとって授業は予定どおり計画どおりに進めなくてはいけないものであり、それを邪魔する良子はA教師にとって都合が悪い子どもであるということである。また、授業を公開するということについてのA教師の構えもかいま見ることができる。

③　子どもにとって授業とは何か

　そして、A教師と良子のやりとりを他の子どもたちはどのように聞いていたのだろうか。「良子ちゃんはどうしていつも先生を困らせるの」と言い立てた女の子たちは、良子に対して発言しているのだろうか。教師の方を向いて教師の気持ちを先取りして発言しているのではないだろうか。良子を注意すれば、

A教師から評価されると考える子どももいるのではないだろうか。また、良子と同じ疑問を持ったとしても、（このような）発言はしないようにしようと考えている子どももいるのではないか。

④　良子の発言の背景

　それでは良子はなぜあのような発言をしたのだろうか。良子は決して教師を困らせようと考えて発言したわけでなかった。良子は教師Aの発問「おじいさんは働き者ですか？」についても自分なりの答えを用意していたのだが、どうしても自分の疑問を尋ねたかった。良子は幼稚園の頃から本を読むのが大変好きな子であった。すでに小学校に入ったときには『赤毛のアン』を文庫本で読んでいたという。だから入学式の日に配られた国語の教科書はその日のうちに全部読んでしまっていた。そのときから、「おむすびころりん」ではおじいさんとねずみがどうしてお話できるのかを不思議に思っていた。そしてこの授業の日までには、実は良子はその答えをたくさん予想していた。「本当にやさしい気持ちを持てば、動物とも心が通じるのでないか」「進化したねずみだったのでは」「テレパシーでつながっている」など10個以上の答えを考えていた。A先生は先生だから私の知らないことをたくさん知っていて、先生に尋ねてみれば、自分の予想のどれが正しいのかわかるのではないかと考えていたのである。

　そして授業中どうしても尋ねてみたいと、思わず発言してしまったのである。それはある意味非常に「能動的」な行為であるといえよう。

(2) 授業分析について

　授業分析は、日本で生まれた独自の授業研究方法である。名古屋大学教育方法学研究室の重松鷹泰によって創始されたものである。重松（1961）は、授業分析を「授業のなるべく詳細かつ正確な観察記録を作成して、それを分析する活動」と定義し、「児童の個を追究することによって、自分（著者注：教師）の個を育て」ることだと述べている。

　一般的な名称としての授業分析はさまざまな立場で使用され、論者によって、

その定義や位置づけについてもさまざまな言及があった。それらをも踏まえて的場（2013）は次のように総合的に定義している。

「授業分析は、授業研究の一手法であり、教育実践の事実、すなわち授業における教師と児童生徒の発言、活動、その他、授業を構成している諸現象を、できるだけ詳細に観察・記録し、その記録に基づいて授業を構成している諸要因の関連、学習者の思考過程、あるいは教師の意思決定など授業の諸現象の背後にある規則や意味を、実証科学的方法、社会科学的方法、あるいは解釈学的方法によって多様に明らかにしようとする。」（的場2013　pp.6-7）

これらの定義からわかるように、授業分析を根底から支えているものは教育実践としての授業の事実、その観察と記録である。したがって、授業分析は、授業の事実の観察と記録に基づく事例研究（Case Study）であり、そういった授業の事実の観察と記録は、なるべく詳細かつ正確なものであることが求められている。

(3) 授業の事実の中核としての子どもの表現と表出

それでは教育実践としての授業の事実とは何か。先述の的場（2013）に従えば、「授業における教師と児童生徒の発言、活動、その他、授業を構成している諸現象」ということになる。

教育は一人ひとりの子どもの人間形成を目的にした営みである。そう考えれば、授業はそのために手段である。すなわち、子どもたち一人ひとりに対してその思考を促し、認識を培い、判断し実践する力を培い、人間形成を図っていく手段である。したがって、授業の事実の中核となるものは、子どもたち一人ひとりの学びの実際である。そして、その学びの実際は主に子どもたち一人ひとりの表現と表出としてとらえられる。

ここでいう表現は子どもが意図的、意識的に行うものである。それゆえ、表現された内容そのものが子ども自身の実際の思考や認識を表すものでない場合も多々ある。また、発言しない、沈黙しているということも表現としてとらえることができる。それに対して、表出は意図せずに無意識で行っているもので

ある。したがって、その子どもの思考や認識の内実をいっそう鮮明に映し出したものである可能性も高い。例えば、表現についてもその内容ではなく、表現する際の表現の仕方や状態に注目すると、例えば、表情、言いよどみやイントネーションに意図せずにその子どもの思考や認識のありようが映し出されるということである。

表出と表現から子どもの思考を追究し人間形成を考察していく授業分析のあり方について、図示を試みたものが、図1である。子どもの思考は、問題と対峙したとき、そしてとりわけ、その問題に矛盾を見出したときに動き出す。子どもにとっての問題は、教師の指導によって他の子どもとともに行う学習において、また、実際の生活における家族や地域との関わりにおいて、成立する。そして思考は自己否定的に働くことによって、動的で統一的な自己変革、すなわち人間形成を促していくのである。

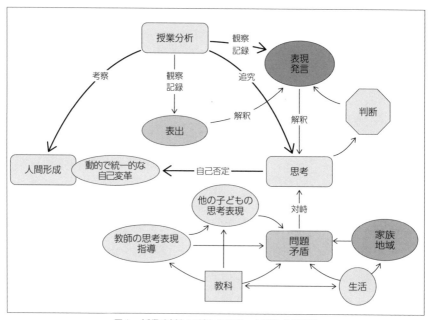

図1　授業分析と子どもの思考・人間形成の関係

(4) 子どもの観察と記録

① 観察における子どもの特定と座席表

　授業分析においては、実際に教室における授業で、一人ひとりの子どもを判別しながら観察することが重要である。その際、座席表があると便利である。

　座席表とは、学級内の座席の配置に子どもの氏名が記入されたものである。子どもの氏名だけが記入された座席表や、子どものプロフィールや教師の願い、前時の感想文の内容等が記入されたものもある。こういった座席表があると、発言した子どもや視点を当てた子どもが誰かすぐに特定できる。

　しかし、いつも座席表が用意されているとはかぎらない。筆者は、座席表がない場合は、子どもたちの名札や上靴に書いてある名前、椅子の後ろに貼ってある名前シール、教科書やノート、ワークシートの氏名欄、教室の後ろに貼ってある絵や係の表、もちろん、発言の中に含まれる名前やあだ名、略称、いろいろなものに目を配りながら、一人ひとりの子どもを特定しようとする。

　座席表があれば便利ではあるが、授業の中でさまざまなものを手がかりにして子どもを特定する作業を集中的に行うことは、一人ひとりの子どもに対するとらえ方を深めることにつながる。手がかりにするさまざまなものはその子どもとの関係で意識的無意識的に構成され成立しているものであるからである。

② 事例としてのプリントの配り方

　意識的ではない、一見するとちょっとした行為や仕草としての表出は、その子どもが無意識的・無意図的になした表現として、受け止め解釈する必要がある。前述したように、むしろそういった表出にはその子の本質的なものが現れる。

　例えば、プリントを配った際の後ろの席の子どもへの渡し方である。子どもたちはからだをひねってからだを後ろの相手の方に向けて渡す。これは人にものを渡す場合、相手を人間としてとらえているとすれば当たり前のことである。しかし、子ども同士の関係が芳しくない学級では、振り向くことなく片腕で頭の上から放り投げるように渡す子どもが多くみられる。そういった無意識の行

為に学級集団全体の傾向が現れる。しかしそれだけでなく、いっそう重要なことは、そういった集団の中でもからだを相手に向けて渡している少数の子どもが存在していることである。その子はなぜそういった渡し方ができているのか。その子に対する指導と他の子どもたちへの指導は異なるものになるはずである。

　また、いつもは相手にからだを向けて渡している子が、その日は頭の上から放り投げるように渡している場合、その時間のその子はいつもの心持ち（例えば、家で叱られたり、前の時間で友達と何かトラブルがあったりなど、何かがあったりして）とは異なる状態にあると考えることができる。教師は、そのことを踏まえて、その日の指導を考えていくことになる。

　ここに述べたことは、プリント（教具）を媒介とした子どもと子どもの関わりである。この関わりにおいて、それぞれの個の表出がみられる。筆者の場合、授業における教師と子どもの発言をはじめとした具体的な表現（その中には、前述したように言い方やイントネーション、言いよどみ等々のその個の表出も含まれる）と、そういった個の表出を観察ノート（フィールドノーツ）に、時系列的に書き留めていくことになる。また、最近はあわせて、事前に撮影の許可を得て、タブレットPCで写真を撮ることもある。授業観察の段階では、筆者がこのようにとらえたものが授業の事実となる。こういった授業の事実が授業の後の協議会で重要な資料になる。

(5) 授業記録と授業分析の構造

　授業分析は、授業実践の事後に取り組まれるものであるが、それは必ずしも実践の直後ということに限定されない。むしろ、授業実践の後、しばらく期間をおいて行うことが本来のあり方であった。その際、使用されるものが子どもと教師の発言を逐語的に書き起こした文字記録を中核にし、子どもの資料や指導案、実際の学習の流れなどを掲載した総合的な授業記録である。

　授業分析は、この総合的な授業記録に基づいて行われる。図2は、総合的な授業記録を中核にした授業分析の構造を表したものである。

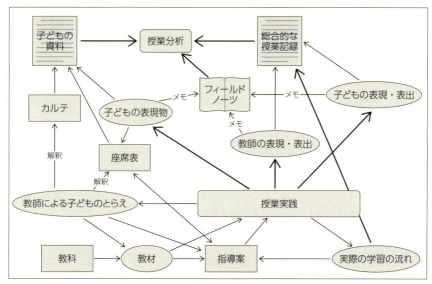

図2　授業分析の構造

①　一人ひとりの子どもが判別できる記録

まず授業分析において作成され使用される授業記録の特徴をみておこう。

授業分析で使用する授業記録は、一人ひとりが判別できる記録である。教師の発言とともに、子ども一人ひとりの発言が書き起こされる。それと対照的に一人ひとりが判別できない記録もある。それはT-C型の授業記録と呼ばれる。例えば、教師（T）がある発問をして、それに対して子どもたち（C）が答えるといった記録である。

こういった個人を特定しない、個人を判別できない記録は、授業実践の全体的な特徴をおおまかに、いわば巨視的にとらえることについては有効だと思われる。しかし、例えば教師の発問に対してどの子どもが応答したかを特定することはできず、授業の展開の中で一人ひとりの子どもがどう思考したのかを追究することはできない。つまり、一人の子どもは一般的な子どもに還元されてしまい、実践の中で一人ひとりの子どもがどのように思考し学んだかという点については十分にとらえられない。このタイプの授業記録では、しばしば集団

過程と一人ひとりの認識形成過程を同一のものと見なしてしまうことになる。

② 子どもの資料としてのカルテ

次にカルテとは、子どもの意外な面（エピソードなど）をとらえ、その解釈とあわせて書き記したものである。形式は決まっていないが、書き溜めて時間をおいてつなぎ合わせ、子どもへの理解を深めようとするものである。カルテは、子どもの資料として座席表とあわせて、総合的な授業記録とともに授業分析においては重要な資料となる。現実的には全員の子どものカルテをつけることは不可能であろう。したがって、後述するような抽出児的な取り扱いが必要である。また、カルテによって子どもを「理解できる」と考えるのは非常に危うい。原理的にいえば、子どもを「理解できた」と思ったときには、すでに子どももまた理解できたと考えた教師自身も変化しているからである。逆説的だが「理解できない」という自覚が、子どもの理解を深めるためには必要である。

2．授業分析における抽出児

(1) 抽出児について

授業分析では、抽出児を活用することが多い。抽出児とは、集団を基本的な単位とする教育実践において、教師が焦点を当て注目して見る一名ないし数名の子どものことである。一般に授業研究において抽出児と呼ばれるものは、授業の観察や記録、分析検討の場面でこれまでも頻繁に用いられてきた。

抽出児は、もともとは重松によって創始された授業分析の発展展開の中から生まれてきたものと考えることができる。重松（1961）は「くわしく観察すべき子ども数名をあらかじめ選定しておき、その子どもたちを分担して観察することはきわめてのぞましいことである」と述べ、選定された4名の子どもが詳しく観察された「奈良市帝塚山小学校において、1960年9月16日（金）に実施された、2年月組（男子11名女子13名）旭静代教諭の理科授業の記録」を分析事例として挙げている。

また、重松の指導により授業研究を進めてきた富山市堀川小学校では授業実践の総合記録の作成において、「抽出した児童の動き」の欄を設けている（富山市立堀川小学校1959）。重松は後に「《抽出児》というのは、授業観察のさいに、とくに注意してその言動やその背後にある思考や認識の発展を観察し記録する対象児童のことである」（重松1975、p.114）と述べている。
　このように抽出児は、まず授業分析に向けた授業観察の中に位置づけられた。ここで確認されるのは、子どもたち一人ひとり全員をみることができないからという消極的理由ではなく、「とくに注意してその言動やその背後にある思考や認識の発展を観察し記録する（傍点は筆者による）」ために抽出児が選定されていることである。すなわち、授業分析の目的である、子どもの思考の動きの追究のために、分析者が意図的に選定した抽出児を観察記録することが有効だと考えられているのである。

(2) 対象児との比較による抽出児の特徴

　特別支援教育や療育の分野において対象児という言葉が用いられる。対象児は何らかの問題や病理を抱えていると判断された子どもである。その問題や病理は、チェックリストや検査などの外在的な基準によって特定される。その基準によって問題や病理が特定された子どもが対象児である。そして、対象児に対して、その子の抱える問題状況の解消や病理的症状の軽減に向けた教育が行われる。その意味で対象児は Target Child である。
　それに対して、抽出児は必ずしも何らかの問題を抱えた子どもとは限らない。教師が意図的に選定するが、その選定について確固たる基準が所与のものとして存在しているわけではない。クラス集団の中から、実践者たる教師がある意図や願いを持って、主体的に選定した子どもである。いわば、選定の基準が実践者の側にある。そして、抽出児は授業研究、特に現場で行われる実践的研究においては重要な手がかりとなっている。重松とともに名古屋大学で授業研究に携わった上田薫は、抽出の基準をめぐって、「抽出の基準はどういうことでもよい。（中略）対象となる子はたんに手がかりなのである。その子を見ること

によって、他の子もよく見ようというのである。ひとりの子を見るにも、他の子を忘れて見ることはない。他の子との比較においてある子を見るのである。またある子について新しい発見があれば、自然それは他の子を見るときの手がかりにならずにはいないのである。集団の中でとらえるという意味は、まさにここにあるといってよい」(上田、1992 pp.82-83) と述べている。ここで抽出児は「その子を見ることによって、他の子もよく見」るための手がかりと考えられており、基準そのものが絶対的な問題ではないとしている。その意味で抽出児は、Clue（手がかりや鍵）という言葉を使用しClue Childと表すことができる。

(3) 抽出児の機能

筆者は、抽出児には関係追究機能と省察機能という二つの機能があると考えている。

① 関連追究機能

まず、抽出児は、上田が指摘したように、抽出児を追究することを通して、他の子どもや教師のあり方をとらえ、授業そのものを具体的に検証するための手がかりとして機能する。つまり、集団過程において、抽出児を検討することは、抽出児だけの問題を検討することにとどまることなく、必然的に抽出児以外の子どもや教師の指導、教材、教具を検討することにつながるものとなる。また、抽出児との関連や比較において、似たタイプの子どもや逆のタイプの子どものことをとらえる手がかりにも、さらに抽出児との関わりが全くない子どもの把握にもつながっていく。

② 省察機能

また、対象児との比較から明らかにしたように、抽出児は実践者たる教師自身の有する観点や基準によって選定される。すなわち、抽出児を検討していくことによって、その観点や基準の妥当性が問われることになるのである。それは言い換えれば、実践者（ならびに事例の検討者）が自らのよって立つ授業観や教育観、子ども観を問い直し深めることにつながる。

とりわけ教師が気にかかる子どもを抽出した場合、その教師の子ども観や教

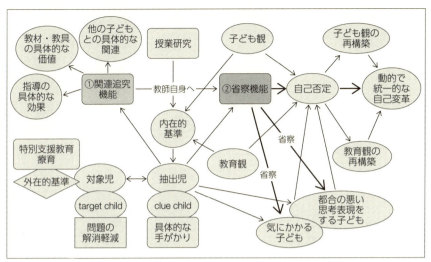

図3　抽出児とその機能

育観に抵触するから気にかかるわけであり、その抽出児を検討していくことで、その教師のよって立つ教育観や子ども観が検討の場に出されることによって、その観の問い直しが促進される可能性が生まれる。さらに付け加えれば、前述したような教師にとって都合の悪い思考と表現をする子どもを抽出児に取り上げ検討すると、その教師のよって立つ教育観や子ども観の問い直しが生じる可能性はいっそう高くなる。それは教師が自己を否定的に省察することであり、教師の動的で統一的な自己変革を促すものとなる。

以上の抽出児の機能についてまとめたものが図3である。

3．事例からみた子どもの思考と人間形成の問題

(1) テストの点数を隠す子ども・隠さない子ども

本節では、事例の検討から、子どもの思考と人間形成に関するいくつかの問題について考察してみたい。まず、テストの採点された解答用紙が返却される

場面である。どのクラスにも筆者や他の子どもに見られないように点数を隠す子どもたちが存在する。点数が悪い子どもだけでなく、点数の良かった子ども、例えば100点だった子どもも隠すことがある。点数を隠す子どもたちはどのような思いで点数を隠しているのだろうか。例えば、後者の点数が高い子どもは、友達や仲間があまり点数をとれていないのに自分だけ点数が高いことがわかると、雰囲気が悪くなるという。つまり、他者から点数がどう受け止められるか、それによって人間関係、仲間関係に支障が生まれないかということが重要な問題なのである。そこではテストの本来的な意味が顧みられることがない。

　一方、点数を隠さない子どもの中には、次のように考える子どもがいる。徹男（仮名）はテストの点数がとれたかどうかは全く気にならない。間違えてしまった問題こそが重要であると考えている。どうしてその問題を間違ったのか、その問題について考え解くプロセスのどこでどう間違ったかが重要なのである。その意味で100点をとったテストは徹男にとって大きな意味はない。

　さらに考える子どももいる。明子（仮名）は徹男と同じような考えをしているが、○がついた正解した問いについても、それはたまたま正解だったのではないか、途中の考え方に間違いがないのかを考える。明子にとって、正解であることが大切なことではない。そこに至るプロセスが大事なのである。

　おそらく、学習に関するテストを素直にみれば、このような考え方は非常に論理的なものである。テストは学習するということに関して、本来、その得点数、総点にはほとんど意味がなく、テストを受けた者にとっては間違ったところ、不十分なところを確認することに意味があり、指導する側も、その子どもはどこでどう間違っているのか、そのプロセスを含めてとらえ、次の指導に生かすためにこそ存在するものである。

(2) 夏休みの宿題への評価

　次も、評価に関わる事例を挙げてみる。

　夏休み明けに子どもたちが宿題の工作や絵を持ってくる。それらの作品は、出来不出来に大きな差がある。一見して非常によくできている作品を提出した

子どもに対して、よくできているね、頑張ったねと教師が声をかけた瞬間に、その子どもがとまどい、表情に一瞬のかげりが見えることがある。また、不出来な作品に対して、「もっとていねいにできなかったの。こんどからもうちょっと頑張ろうね。」と声をかけた瞬間、子どもの目の中に一瞬怒りや失望が見えることがある。

　前者は、自分一人で作った作品ではなく、親や兄姉の手が加わったものである。後者は、見かねて手伝おうとした親や兄姉からの援助を断り、自分だけの力で何とか仕上げたものであった。

　こういった子どもの表出から、評価というものについて問い直すことができよう。客観的で妥当な評価とは何か。そして子どもの思考と人間形成に関わる教育的な評価とは何か。このような子どもたちの表出はいわば直観的にとらえることができるものだが、それを自覚できた教師は、その表出を子ども理解の手がかりとして、次の指導を考えていくことになる。

(3) お約束の授業と生徒の主体性

　高等学校の授業研究の一環として、ある一つの教室にまる一日留まって参観する機会があった。その高校は特別の進学校でもなく、逆に学力の厳しい学校でもなく、いわば中堅の学校で、生徒間の学力差は大きい方であった。高校では、教科ごとに入れ替わり立ち替わり教える教師が変わる。一日教室にいて、生徒の様子を観察して明らかになったことがいくつかある。

　まず、多くの生徒は、教師によって、教室での立ち居振る舞いを変えるということである。例えば、指導が厳しい教師の前ではおとなしく、あまり厳しくない教師の前ではリラックスしている生徒がいる。また、そのときどきの教師の表情や心情を読み取り、態度を変えることができる生徒がいる。こういった生徒の振る舞いは、教師に対する一つの戦略として身につけたものと考えることができる。それは、教師に評価してもらうための、あるいは教師の指導から逃れたり、身を隠すための戦略である。

　そのように教師によって態度を変える生徒が多いが、クラスの中には、教師

によって態度をほとんど変えない生徒も少数ながら存在する。そういった生徒は、例えば、信也（仮名）や正枝（仮名）はどの教師の授業でも、手を挙げて質問し、数多くつぶやいていた。よく質問する信也や正枝について化学の教師は評価しているようであった。しかし、数学の教師は、授業が予定どおり進行しないため、いらいらしている様子がうかがえた。この数学の教師にとっては、信也や正枝は都合の悪い思考と表現をする生徒であった。

　ここから、子どもが自ら考えたことを「能動的」に表現するということは、教師のあらかじめ想定した道筋を乱すということになる。そう考えれば、指導案どおりに進行していく授業の多くは、子どもが自らの「能動性」を押し隠して受動的に教師の計画した道筋に合わせた授業である。いわば、教師と子どものお約束で成り立つ授業であるといえよう。

(4) 朝読と国語の授業

　別の高等学校の事例である。その高校は始業前の10分間の朝読を実施していた。授業開始前に、あるクラスに入った。一番後ろの席に座っている律子（仮名）は新書を読んでいた。1時間目の現代文の授業開始のベルが鳴り授業が始まった。律子は、机の下に隠して新書を読み続けている。筆者は、他の教室を参観するために、その教室を離れた。授業修了まで5分のときに、再びその教室に戻った。律子はまだ新書を読んでいた。途中その教室にいなかったので、ずっと読み続けていたのではないかもしれないが、その集中して読んでいる姿と、教壇をおりることなく授業を行っている教師の位置を確認して、おそらくずっと読み続けていたのではないかと思った。授業終了のベルが鳴った。そのベルが鳴り始めると律子はさっと新書を閉じて机に直し、ぱっとノートを開いて、板書を凄い勢いで書き写し始めた。定期テスト一週間前の授業であった。後で確認すると律子は読書が好きで成績優秀な生徒だった。

　律子にとって、その現代文の授業は、板書さえ書き写せばテスト対策も大丈夫の授業であったと考えられる。律子はその現代文の授業よりも好きな本を読むことを選択した。教師が教壇からおりることはなく注意される可能性が低い

とも考えていたのかもしれない。

ここでは朝読のことを考えてみよう。本当に読書が好きな子ども、読書を大切に考える子どもが、好きな本、興味がある本を例えば10分間で時間がきたら読むことを簡単に止めることができるのだろうか。朝読は、読書の習慣をつけるためでなく始業前に心を落ち着かせるために、行っている学校が多いかもしれない。しかしこういった朝読は、本当に読書が好きな、そして読書を大切に考える子どもを育てるものにはならないのではないだろうか。

(5) 授業終了前の生徒の様子

授業の終了が近づいたときの子どもの様子を見ていると、子どもがその授業をどのようにとらえているか、価値づけているかがわかる。子どもにとって楽しく充実した授業であれば、授業終了の時間は気にならない。終了のチャイムが鳴っても話し合いが終わることなく追究している姿や一心にノートやプリントに書き続ける姿が見られる。

前述した律子の斜め前の紀夫（仮名）は、授業終了の3分前になると、筆箱に筆記具を片づけ始めた。紀夫にかぎらず、高等学校の多くの授業では、授業終了のチャイムが鳴る前から、生徒の多数は、机の上を片づけ始める。それは小学校の高学年、早いところでは中学年くらいから見られる状況である。

紀夫が片づけ終わった直後、教師が「あ、中間テストのことで伝えなくてはならないことがありました」と言った。その瞬間、紀夫は机の中からすばやくメモを取り出し、筆記具を再び取り出し、教師の言葉を書き取っていった。

律子にとっても、紀夫にとって、この授業は重要なものではなかった。大切なことはテストであった。律子も紀夫も授業の邪魔をすることはない。淡々と授業を進める教師にとって都合の悪い子どもではない。特に律子は成績もよいので、むしろ教師は高く評価している。

しかし、律子にとっても紀夫にとっても、その授業は受ける価値の薄いものであった。そして彼らをはじめとして多くの子どもがテストにとらわれていることも見てとれる。これは高校教育の問題ではなく、もっと前に小・中学校段

階から培われた姿勢であろう。われわれはこのような子どもたちの姿から授業のあり方を見直していかなければならないだろう。

(6) 教師にとって都合の悪い思考と表現をする子ども

① 「おじいさんとねずみはどうしてお話できるの」と発言した良子

前述した良子は教師Aの言動からわかるように、この「おむすびころりん」の授業だけでなく、いろいろな授業で教師の予想外の発言をしていた。それによって、教師Aは自分が想定した道筋が中断されることがしばしばあった。本来良子の発言を受け止めて、「良子ちゃんはどうしてそう思うの」と聞き返すことや、書き留めておき別の場面、別の時間で取り上げたりすることができればよいのではないだろうか。しかし、教師Aには余裕がなかった。良子は自分の授業の邪魔をする存在として教師Aによって認識された。

まわりの子どもからも非難された良子は、だんだんと発言しなくなっていった。教師Aと良子のやりとりを聞いてきた子どもたちも、良子のように自分の考えたことを表現することを避けるようになる。

② 「マサ子さんは5分くらいどうして待ってやれないのか」と発言した邦也

邦也(仮名)は小学校1年生のときからいつも算数の文章題に違和感を感じていた。例えば、マサ子さんと正也くんが駅に向かう話である。マサ子さんが先に出発して、その5分後に正也くんが出発する。マサ子さんは秒速○○メートルで歩き、正也くんは秒速△△メートルで歩きます。マサ子さんに追いつくのは何分後でしょうといった問題である。他の子どもは一生懸命計算している。邦也にとって計算して答えを出すことは容易なことであったが、「マサ子さんは5分くらいどうして待ってやれないのか」という発言をした。教師Bは「またそんな屁理屈ばかり言わないで、今は算数の時間だから、みんなと同じように、頑張って計算してください」と言った。邦也は納得いかなかった。自分の発言は決して屁理屈ではない。現実の生活に照らして考えればやはり待ってあげるべきではないか。邦也の通う学校は道徳教育をテーマとした研究を行っていた。道徳では「ひとにやさしくする」ということも習っていた。邦也は何を

問題にしたのか。問題そのものを考え、そこに矛盾を見出したのである。

　算数の時間は算数の頭に、国語の時間は国語の頭に、国語の中でも、物語文が教材のときは物語の頭にといったように、多くの子どもたちは頭を切り替えていく。それは自分で自己を個性的に統一する方向性をもって思考するのではなく、矛盾には目をつぶり、教師と教科と教科書といった、いわば自分の外にある基準や枠組みに合わせていく方向で人間が形成されていくということでなかろうか。

4．一人ひとりの子どもが独立した人間として生きる授業

　最後に、子どもの思考と人間形成に視座をおく授業分析の視点からよい授業とは何か、それはどのような条件を有する授業であるかを考察したい。

　まず、時間にしばられないことが重要である。そのための工夫が必要である。1時間で何事かを完了させなければならないという意識が、授業と子どもの思考を窮屈にする。1時間という見通しではなく、その前後も含めて、3、4時間程度のスパンで授業を構想し、随時修正していくことで、余裕を持って子どもの思考を受け止め、偶然や例外を生かしながら授業を展開することができる。

　次に、子どもが教師に迎合しないことである。子どもにとって、教師は重要な他者である。子どもが教師を信頼することは、教育の条件として重要なことであるが、子どもが教師に盲目的に追従するような事態は避ける必要がある。教師の指導案や構想のとおりに展開した授業は、子どもの思考が不自由な、いわばお約束で成り立っている子どもの多様性を認めない画一的な授業である。単純に考えても、子どもが主体的に思考し「能動的」に表現する授業であれば、指導案どおりに進むことはあり得ないだろう。

　子どもが教師に迎合しない授業とは、子ども一人ひとりの多様性を基盤とした教育としての授業である。言い換えれば、それは教師が考えた単一の計画どおりには進まない授業であり、教師は授業計画を複線的に構想するとともに、それでも対処することはできないことを自覚して、偶然や例外を生かそうとす

る授業である。

　そこで実際の授業で課題になることは、教師の言うことを鵜呑みにしない子ども、教師に反論できる子どもをどう育てるかということである。それは前述したように教師にとって都合の悪い思考と表現をする子どもをまず認めることから始まるのではなかろうか。一人ひとりの子どもは独立した人間であり、それぞれその子なりに自律／自立した主体へと育つことが肝要である。それぞれその子なりにとは、その子として統一的にという意味である。そのためには、自分で考える、思考するということが必要である。授業は子どもたちの思考と人間形成に関して、そのような方向性を持って初めて教育的なものとなる。

　教師が子どもを自分とは異なる独立した人間であるととらえることと同様に、子どもが教師や他の子どもを自分とは違う独立した人間であるととらえることが重要である。そして、ルールや枠組みの視点からではなく、互いの人間としての成長、人間形成の視点から、お互いの人間に対して厳しくも温かな関心を持ちえるかが重要である。

　近年、一斉授業は旧式で時代遅れのシステムであり、これからはペアやグループを用いる協同的な学習システムに変えるべきだという議論がある。また、これまでの受動的な学習から脱却が必要であるとして、能動的学修、「主体的・対話的な深い学び」としてのアクティブ・ラーニングがこれからの教育の重要なトピックとして協調されている。しかし、本質的な問題は、形式的形態的に、一斉学習を協同的なものに変える、受動的な学習を能動的な学修に変えるということではない。

　私たちが子どもをどうとらえるかということである。そして子ども同士がお互いをどうとらえるかということである。

　子どもの思考と人間形成に視座をおく授業分析では、その始まりから徹底して一人ひとりの子どもを判別できる授業記録を用いてきた。一人ひとりの子どもを独立した個性ある人間としてとらえ、一括りに抽象的な子ども一般としてとらえることはしない。そのように子どもをとらえることができれば、そして子ども同士もそうとらえ合うことができれば、多様性を認めない画一的な授業

は成立しなくなる。教師が自分にとって都合の悪い思考と表現をする子どもをも認め、常に「自己否定」的な省察を繰り返しながら、動的で統一的な自己変革をし続けることから、教育の未来は始まるのではなかろうか。

(田上哲)

〈参考文献〉
的場正美・柴田好章編（2013）『授業研究と授業の創造』渓水社
上田薫（1992）『(上田薫著作集3) ずれによる創造 - 人間のための教育』黎明書房
上田薫・静岡市立安東小学校（1977）『どの個も生きよ　カルテと座席表から「全体のけしき」まで』明治図書
重松鷹泰（1975）『教育方法論』明治図書
重松鷹泰（1961）『授業分析の方法』明治図書
重松鷹泰指導・富山市立堀川小学校（1959）『授業の研究　子どもの思考を育てるために』明治図書

第3部　授業研究に期待する

第3部では、3人の論者から、子どもの学びや教師の学び、さらには学校そのものにとっての授業研究への期待が示される。教師たちが日常的に取り組んでいる授業研究ははたして子どもの学びや自身の学びに通じているのか。さらに、学校は授業研究を経て変わっていけるのか。各論者のユニークな語り口で授業研究に対する期待が描かれる。校内授業研究をいかに「文化」として自校に定着させていくのかに日々苦悩している多くの教師たちに力強いメッセージを発信するものとなるであろう。

第7章
子どもの生き方の連続的発展
―「子どもの学び」の観点から―

 1.「子どもの学び」とは

「学習」とは、所定時間に、所定の知識・技能を習得する活動である。

それに対して「学び」とは、新しい知識・技能を習得して、生活における見方・考え方を拡張・深化・充実させることである。

「学び」には、それまでよりも、「世界」（人・もの・こと）と広く・深く・豊かに関わり合えるようになったという、自己の成長についての実感が伴う。「学習」は授業における本質的な要素である。しかし、「授業」を自分の「学び」として意識できなければ、「授業」は特殊な空間での架空の作業にすぎなくなる。

「授業」は、「子どもの学び」に連続しなければならない。

重要なことは、子どもたちが「学習」を契機として、自らの生き方が向上的に変容したと実感できることである。「世界」とより互恵的に関わり合えるようになったという、自分の成長の感覚を得られることである。

「授業研究」を、知識・技能を効果的かつ確実に習得される指導法の研究に矮小化してはいけない。「子どもの学び」へと連続するように学習活動を構想し、実践し、検討することは、「授業研究」の中心的な目的の一つである。

 2.「子どもの学び」の文脈の顕在化

子どもたちの間に支持的な相互関係が形成され、相互の考えを聞き合える学級になると、発言者は友達に向けて「自分の言葉」で語るようになる。

「自分の言葉」とは、自分に固有な体験に根ざしてその意味を理解している言葉である。発言者が自分の日常生活で体験した出来事や感情などを事例や比喩として説明を試みているときに語られる言葉である。自分の考え・理解・疑念などを、友達に「わかってもらいたい」という意識で語るとき、相互に「わかり合える」ような、日常的な直接体験が事例や比喩として使用される。
　そして、その子どもが使用する事例や比喩には、その子どもが現在生きている固有の「意味世界」、すなわち、その子どもと「世界」との個性的な関わり方が投影されている。自分の考え・理解・疑問を友達に「わかってもらいたい」という意識から、子どもが自分の直接体験の中に事例や比喩や言葉を探すとき、その子どもの心を占めている出来事、彩っている感情、期待している願望などが意識の前景へと浮かび上がってくる。
　ここに「『この子ども』の学び」の文脈が顕在化する。その授業が、「この子ども」にとって「学び」へと発展していく展望が開かれる。

 ## 3．子どもの発言の「根」を洞察し共感する

　子どもが自分の考え・理解・疑問について語っている発言には、必ず「根」がある。つまり、その子どもが現在生きている「意味世界」に根ざしている。
　小学6年「社会」の授業でのことだった。子どもたちは山上憶良の「貧窮問答歌」を読み、当時の農民の生活と願いについて話し合っていた。
　一人の女児が次のように発言した。
　「私が奈良時代の農民だったら、防人をなくすことを訴えます。防人がなければお父さんが九州に行くこともなく、家族みんなで暮らせるからです。」
　教師は、この発言の「根」を推察したのだろう。次のように言った。
　「できれば、なぜそのように考えるのか、言ってくれますか？」
　女児は次のように語った。
　「今、うちのお父さんは単身赴任でいなくて、私も単身赴任がなければいいと思っているのだけど、奈良時代の子どもは寂しいだけではなくて、税とか都

に届けた帰りに食料がなくなって行き倒れになった人がいたでしょう。一度旅に出たら生きてまた会えるかわからなかったら、寂しいだけではなくて、とても心配だったと思うからです。」

　教科書には村人たちに見送られて旅立っていく防人の挿絵が掲載されていた。この女児の意識はこの挿絵に刺激され、単身赴任で寂しく感じている自分の「意味世界」がその前景へと浮かんできたのだろう。また、それにより当時の子どもたちの感情について、当時の旅の実情との関連において洞察されている。

　女児の発言に対して男児たちは、「でも、防人がなくなると、大陸や朝鮮半島から攻めてきたら、九州の人たちが奴隷にされてしまう」と反論した。それに対して女児は、「だったら東国ではなく、九州の人たちがやればいい」と言い返した。「なぜ遠い東国の人が防人になったのか」という疑問が残された。

 4．「芽」を読み取り、伸ばす

　その女児は、当時の朝廷は防衛軍が地元豪族に反乱軍として利用されることを恐れ、言葉の通じにくい東国の人を防人に充てたという説を見つけて、「朝廷の都合だ」と発表した。そして、単元の「振り返り」で次のように書いた。

　「今は便利になったけど、国のためとか、会社のためとか言われてお父さんが家族から離されてしまうのは、奈良時代とちっとも変っていない。」

　教師は、「家族みんなで幸せに暮らしたい」というこの女児の願いを、この女児が自らの「学び」を発展させていくための価値観として自覚させることを指導・支援の方向性とした。つまり、伸びていく「芽」を見つけて、それを端緒として、この女児の固有の「意味世界」を豊かに発展させることを考えた。

　女児は「国語」の「石うすの歌」では、「戦争は、家族みんなで仲よく暮らしたいという願いを打ち砕いてしまう」という感想を述べた。また「社会」では、「武家諸法度」について、「これでは大名は反抗できないという男児たちの考えに対して、「いくら大名でも妻子が江戸に人質にされたのでは、かえって大名たちの不満が高まったのではないか」と反論した。

これらの単元の「授業」で、この女児は「家族みんなで幸せに暮らしたい」という願いのもと、固有の「意味世界」を連続的に発展させている。

5．学習指導と生活指導との一体化

　「子どもの学び」を生み出す「授業研究」は、児童理解や生活指導と連続している。また、そのような統一的な視野において構想、指導・支援，分析・検討しなければ、「授業」は「子どもの学び」へと連続しない。

　教師は、子どもたちが相互に「わかり合おう」として「自分の言葉」で語り合い・聞き合う活動を促進・支援しなければならない。それぞれの子どもが自分の個性的な「意味世界」を開示し合えるように配慮しなければならない。

　教師が子どもの発言に、正誤の審判者として構えてはいけない。また、研究授業において、参観者たちは正誤を規準にして発言を評価してはいけない。

　子どもの発言には「根」と「芽」がある。子どもの発言から、その根底にあるその子どもの生きる「意味世界」を洞察して、その子どもの生に共感しなければならない。また、発言から、その子どもの「意味世界」が豊かに発展する方向性を推察し、一歩一歩近づくための端緒を見つけなければならない。

　教師たちによって、「この子ども」に即して連続的な成長を支えるための方途が探られるとき、授業研究は「子どもの学び」にとって価値のあるものとなる。

（藤井千春）

〈参考文献〉
藤井千春（2010）『子どもが蘇る問題解決学習の授業原理』明治図書
藤井千春（2016）『アクティブ・ラーニング授業実践の原理』明治図書

第8章
個性的存在として今この時を生きていることを語り合う
―「教師の学び」の観点から―

 1．よい授業への筋道は無限に存在している

　第1章の冒頭で鹿毛さんが書いているとおり、何のために授業研究をするかというと、「子どもたちのよりよい学びや成長を実現する」という、より本質的な目的のもと、その手段として「よりよい授業をつくるため」であろう。
　ここで難しいのは、よりよい授業とは何かである。なぜなら、子どもたちのよりよい学びや成長を実現する筋道は潜在的には無限に存在しており、しかも、その中のいずれかが他よりも優れているとは多くの場合いえないわけで、すると何がよい授業かという問いは一気に難しいものとなる。
　これは、料理を比喩に考えればわかりやすいだろう。同じスズキという魚を使ったとしても、フレンチならパイ包み、日本料理なら奉書焼きが定番で、中国料理なら唐揚げにしてあんかけかな、などと想像するわけだが、どれも上手に創れば十分に美味しいし、身体にもいい一皿になる。そして、少なくともプロの料理人同士であれば、誰一人としてフレンチの方が日本料理よりも優れているなんて議論はしないだろう。
　料理の世界と同様に、授業づくりにも数多くの優れた流儀が併存しており、それぞれの流儀が長い時間をかけて確立してきた独自の筋道において、子どもたちのよりよい学びや成長を実現することが可能である。そして、ある程度研究的な教師であれば、自分なりのこだわりや信念、志向性といったものを持っており、あるいは特定の流儀を学び深めるグループの中で修練を積んできていたりもする。研究授業に際しては、そういったこれまでの学びやこだわりを存分に発揮した自分らしい授業となるよう、工夫を凝らしてもいるだろう。

ところが、料理人とは異なり、授業研究の場でのやりとりや、さらにいえば教育方法に関する議論では、いずれの流儀が優れているかという原理的に決着がつかないはずの問題に無理にも決着をつけようとする人が結構いて、だから非常に困る。具体的には、その授業がどのような流儀なり立場を背景に生み出されたかを一切斟酌することなく、もっぱら自らの流儀や立場の角度から授業中の出来事を取り上げ、描き、価値づけ、さらに代替案を提起したりする。
　それは、日本料理の伝統的作法に則ってていねいに仕上げたスズキの奉書焼きを、フレンチの視点でもってお門違いに解釈、批評され、挙句の果てに「パイ包みにすればよかった」といわれているようなものである。何とも失礼な物言いであり、およそ授業者の成長には役立たない。さらに、こんなことを繰り返せば、ついには誰も研究授業なんかやろうとはしなくなるだろう。

2．自らの視点位置を授業者へと移動して授業を語る

　したがって、まずはその教師がどのような流儀なり立場に立って、この授業を生み出そうとしたのか、そのことを授業研究に参加する全員がていねいに聞き、理解する必要がある。もちろん、流儀という程には体系的でも構造的でもない場合もあるだろうし、さらに若い教師や発展途上の教師であれば、思いと手立てに食い違いがあったり、筋道に曖昧さや矛盾点があったりもするだろう。しかし、まずはその教師がどのようなこだわりや信念、予測や志向性に依拠してその授業をそのように構成したのか、その全貌を正確に、そして共感的に把握しようとすることが重要である。
　ここで参加者は、その教師が今どんなことを課題とし、どこに向かって日々の努力を重ねているのかを、今日の授業を具体的な共通の拠り所として知ることになる。それ自体が、すでにその教師の成長を同僚としてどのように支援していけるかを考える確かな足場となるだろう。
　そして次には、自らの視点位置を今まさに授業者がさらなる成長を求めて挑戦を試みている地点へと移動させ、そこから眺めた場合に、授業の事実の中で

大切であると思える場面や出来事を取り出し、その意味に関する可能な解釈や、そこから見えてくる、今日の授業の意思決定とは異なる選択肢の可能性について存分に語り合っていきたい。

もちろんそこでは、自分の流儀や信念とは異なる位置から授業を眺め、検討することが不可避的に求められる。なかなかに難しいが、慣れてくれば、いつもの思考とは別な角度から授業づくりを考える一種のトレーニングにもなり、いわば普段使っていない筋肉を鍛えるような効果がある。ついには、自分の流儀を相対化して眺め、そのよさや可能性を改めて見つめる契機ともなる。

授業者にしてみれば、同僚がみんなして自分の課題や目指す方向性を受け止めてくれ、その位置から今日の授業についてあれこれ議論してくれるわけで、そのこと自体が何ともありがたいし、すべての意見が自分の成長にとって大いに参考となるに違いない。この時、流儀や信念の近い同僚の意見はもちろん有用性が高いが、流儀の異なる同僚からの助言や提案がむしろ勉強になったり、これまで考えてもみなかった可能性に対して背中を押してくれるように感じられたりするのは、非常に興味深い出来事である。

もっとも、これは特に不思議なことではなく、先の料理人の比喩で考えるならば、フレンチの修行を積んだ職人が、日本料理の立場に立ってあれこれ考えたからこそ出てくる斬新な切り口やアイデアというものがあり、それが結果的に日本料理の職人の目を開かせることがあり得るということであろう。

3　統一的な人格、歴史的な存在として子どもを見つめる

学校には、流儀や信念、さらには年齢や経験など、その立場や成長段階においてそれぞれに個性的な存在としての教師が在籍し、相互に支え合いながら子どもたちの教育に当たっている。教師は誰しも、自分という個性的な筋道でしかその成長を遂げることができない。授業研究という場では、具体的な授業を仲立ちとして、そんなかけがえのない個性的存在として今この時を生きている教師同士が、お互いの成長を互恵的に支え合うべく議論し合うことが望まれる。

さらに、かけがえのない個性的存在として今この時を生きているということでいえば、子どもたちも全く同様であろう。したがって、授業研究の中で子どもについて語る際にも、そういった存在であることを踏まえたい。
　すると例えば、「今日あの場面で、△△という発言をせざるを得なかった〇〇さんなんだなあ、と思って見ていました」といった語りになってくる。
　「〇〇さんが△△な発言をした」のではない。「△△な発言をせざるを得ない〇〇さん」なのである。この違いは大きい。
　つまり、子どもを一個の統一的人格、歴史的存在として見ているのである。そして、授業におけるたった一つの発言、ほんの些細な動きをも、その子の生にとって必然性のあることととらえ、それらを手がかりにその子ならではのものを、少しでも深く、豊かに理解しようと努めているのである。
　この背後には、「子どもがすることには、すべて意味がある」という子ども観がある。もちろん、実際には「うっかり」や「たまたま」ということもないわけではない。しかし、まずはどんな些細な出来事も、歴史的な存在であり、統一的な人格である子どもの必然的現れという可能性の角度から検討を始める。そして、その可能な解釈を多面的・多角的に、ああでもないこうでもないと出し合ってみる。そんな中で、明るく元気な一人の子どもが、何年にもわたって重荷を背負って毎日を生きてきた、今もなお生きているといった事実を見出し、その健気さとたくましさに驚かされるといったことは、決して少なくない。
　算数の授業に現れた子どもの事実は、算数の学びに関することのみを示しているのではない。今日の授業で見られた子どもの姿は、今日の教材や発問との関係の中からのみ生じているのではない。4年生の算数の授業における一人の子どもの事実は、その子が学校・家庭・地域社会で10年間生きてきたすべての経験や境遇を背景に、ある必然性をもって今日、紡ぎ出されたのである。
　授業研究は具体的な事実に即して議論するのが原則だが、それぞれの事実は、教師にせよ子どもにせよ、ともにかけがえのない個性的存在として今この時を彼らが生きる中で、その必然として生み出したものにほかならないという厳然たる事実の重みを、常に引き受けながら推進していきたい。　　　　（奈須正裕）

第9章
「授業研究」の質的転換
―「学校の学び」の観点から―

 1．意識の転換

　「授業研究」は、教師が授業を公開し、授業後に検討会を行い、公開された授業について話し合う明治以来続く日本の教育文化で、担当する教師は何週間もかけて授業の指導案を作る。時には、全校を巻き込んで、多くの教師で議論しながら指導案を練り上げる。実際の授業においては、暮らしの中の日常的な素材を使ったり、子どもが主体的に参加できるような学習活動を用意したりして工夫する。それは、子どもの自発性を発揮できるようにし、子どもの自由な考えを引き出し、子どもがよりよく理解を深めることができるようにする工夫であり、そうした工夫が公開する授業にはさまざまに盛り込まれる。

　こうして公開された授業の後に、授業について語り合う協議会が行われる。この協議会では、多くの場合、授業者の発問、指示、板書、教材研究や教材提示、学習環境の構成や一時間の学習過程、単元計画などの単元構成や年間指導計画などが幅広く話題となる。そして、授業者への質問や意見などを中心として展開されていく。

　「どのような意図で、あの発問をしたのですか？」
　「どうしてあのような資料の提示の仕方をしたのですか？」
　「なぜ、あの子を最初の発言者として指名したのですか？」と。
　「授業研究」は、授業者に対する指摘を中心に展開されることが多い。
　一方で、
　「とてもすばらしい授業でした。」
　「子どもが生き生きとしていて勉強になりました。」

などと、当たり障りのない意見で終始してしまうことも多い。

最初に示した事例は、やや挑戦的で、授業と協議会に対して批判的な参加姿勢があるような気がする。この場合、参観者の意識は高く、授業から多くを学び取ろうとしている。また、協議会でも積極的な発言が行われ、活気のある協議会になることもある。しかし一方で、授業者に対する否定的な発言が重なり、せっかくの公開授業者を針のむしろのような状況に陥らせてしまうこともないわけではない。そのうえ、協議会では、一部の人間のみが発言を独占してしまい、その他の参観者に十分な満足感が得られないことも考えられる。後者の事例はいうまでもないが、前者の事例においても「授業研究」を改善していく必要があるのではないか。重要な視点は、意識の転換にある。

「授業研究」は授業者の腕のよしあしを判断し、授業者の力量を品定めする場ではない。むしろ「授業研究」は、授業者よりも参観者の姿勢と実力こそが試される場とすべきではないか。授業者をリスペクトしたうえで、授業者とともに新しい授業を創造していく場としての「授業研究」を実現していきたい。授業の参観を通して、参観者それぞれの明日の授業づくり、ひいては学校づくりに反映する豊かな学びの場を生成することに力点を置かなければならない。

2．固有名詞で語る

授業後の協議会での発言はどのようになっているか。一般的な意見を、抽象的な言葉を使って話し合ってはいないだろうか。私たちは、実際の授業を目にし、子どもの姿を見て協議の場に臨むわけである。協議会では、参観した授業の具体的な事実と子どもの名前を用いて語ることが欠かせない。

「○○さんが、○○の場面で、○○と発言しました」と。

そのためには、授業の参観において、一人ひとりの子どもの姿をていねいに記録していくことが求められる。全身を研ぎ澄まして、子どもの発言、子どもの行為からの情報収集に努めなければならない。そのためにも、とにかく書き留めることが欠かせない。デジタルカメラやデジタルビデオ、ICレコーダー

などももちろん有効なツールではある。しかし、補助的なツールであり、授業の事実は、文字言語で記録し、書き留めることによってこそ明らかになる。

さらに加えていえば、その事実が生じた原因を探りたい。子どもの学習活動がスムースに展開したとしても、混乱して道に迷うような授業になったとしても、そうした状況が生じた原因があるはずである。授業の記録を書き留めながら、どこに原因があったのかを推測していくのである。「授業研究」の質を高めるには、参観者の姿勢こそが問われるべきである。

3．代案を提案する

授業後の協議会で批判ばかりを繰り返す参観者がいる。実際の授業のあり方に対して賛否を表明することも必要ではある。目の前の授業の細部にわたっていねいな参観をしてきた結果の発言であろう。だとすればなおのこと、気になった場面についての代案を示すことが大切になる。授業中に見られた課題や生じた問題状況を、どのように改善すべきかを具体的なアイディアとして語り、意見交換していかなければならない。

「○○が気になりました。その原因は○○にあると思います。私なら○○してはどうかと考えます」と。

こうした発言をしていくためには、授業を参観しながら、問題状況の原因とその改善策を考え続けなければならない。授業後の協議会は、互いのアイディアを披瀝し合い、よりよい授業へのヒントをたくさん手に入れることにつながる。ここで代案を示せる教師こそが実力のある教師といえる。「授業研究」の質を高めるには、参観者の実力こそが問われるべきである。

4．協議の場をデザインする

2．3．に示したように公開授業の参観はのんびりしているような場ではない。常に諸感覚を鋭敏に働かせ、全力で記録し続ける。頭はフル回転し、自分なら

ではのアイディアを探し求めていかなければならない。息つく暇のない修練の場ともいえる。しかし、こうした授業の参観を繰り返していくと確実に授業を見る目が育つ。着実に多くの事実が見えてくる。子どもの行為の背景が分かってくる。原因や改善策も考えることができるようになる。

　大切なことは、授業を参観している際に収集した情報や真剣に考えたアイディアを、その後の協議会で自由に立場を超えて意見交換できるかにある。先に示したように、同じ授業を参観していても、参観者の実力には差があるかもしれない。しかし、そうした異なる視点からの授業分析を生かしてこそ、より豊かな知が生成される。そのためにも、少人数のグループで話し合う場面などを用意することが考えられる。構成員も年齢や性別、担当学年など多様に組み合わせ、幅広い情報が集まる集団となるようにしたい。そのうえで、ホワイトボードで意見集約したり、思考ツールで情報の整理・分析をしたりして新たな知を創造したい。「授業研究」の質を高めるには、参観者同士の豊かな関係性を生み出すための学びの場のデザインが問われる。

5．「授業研究」が学校を創る

　「授業研究」こそが、学校を生き生きとした場所へと変え、一人ひとりの子どもの学力を確かなものへと高めていく。1年間に千回も行われる各学年の授業の質が高まれば、子どもは豊かに成長し、学校は活力にあふれる。

　そのためにも「授業研究」に対する意識の転換を図る必要がある。質の高い「授業研究」を実現していくには、授業参観者の本気で真剣な姿こそが求められる。したがって、公開授業の場面では、参観者の姿勢にこそ注目したい。また、授業後の協議会では参観者の発言内容に着目したい。どのようにして授業を参観しているか、授業の様子をていねいに記録しているか、一人ひとりの子どもの名前を例に挙げながら事実を示しているか、どのような授業へと改善を図るべきかを代案として示しているか、などである。

　「授業研究」では、参観者の姿勢と実力こそが問われる。そのように意識の

転換を図れば、自ずと協議会は参観者中心の豊かな学びの場として構成され、結果的に期待する授業力が多くの参観者に育成される。

　授業力こそが最大の教師力である。アクティブ・ラーニングの視点による授業改善に向けて、自ら学びともに学ぶ授業を具現できる教師が求められている。新しい時代の新しい教育を担う、新しい発想の教師が求められている。そうした教師こそが、新しい学校を創造するのであろう。

　今、「授業研究」にも質的転換が求められているのである。

6．学び合いをファシリテートする

　学び合いが生まれる場づくりとともに、学び合いを促進するファシリテーターの存在が欠かせない。授業後の協議を際限なく続けることはできない。また、長いからといって成果が上がるとも思えない。一定の時間で、多くの参加者が手応えを得るような協議の場を構築していかなければならない。

　そのためにも、協議をコントロールする存在が求められる。会の進行を適切に行いながら、参加者に主体的で協働的な参加を促す力量が求められる。例えば、次のようなことが考えられる。

○参観者の発言を共感的に受け止めること
○参観者の発言の内容や背景を解釈すること
○参観者の意見を整理し論点として整理すること
○参観者の発言した意見を可視化し構造化し提示すること
○参観者同士の話し合いの方向性を明示し、その方向に向かうよう導くこと
　　など

　「授業研究」の質を高めるには、参観者同士の学び合いが活性化するようなファシリテーターの力量も問われる。

（田村学）

第4部　授業研究を展望する

第4部では、国際的な注目を浴びる日本の授業研究の「文化」について考察されるとともに、実はその「内側」でいかなる多様な成果と課題が認められるのか、そしてこれからの授業研究がどのように展望されうるのかについて示される。授業研究がその対象とする「授業」やそこで生起している「学び」、授業研究を通じた教師の学び、そしてそもそも授業と授業研究を支えている共同体、これらの理解が最近大きな転換を遂げたことを踏まえ、実際の授業研究（とりわけその協議会）がどのような展開を見せようとしているか。研究者と学校現場が協同して日本の授業研究を創っていく総括的な視座が得られるだろう。

第10章
日本の授業研究の独自性とこれから

 1　はじめに：2つの出来事

　2011年4月1日。東日本大震災から3週間後、私は東日本大震災と放射線汚染のために避難場所となった福島県郡山市立芳山小学校の校長先生から1通の電子メールをもらった。

　「秋田先生　4月11日より例年より5日遅れて学校を再開する予定となりました。昨日3月31日まで学校は避難所となっていました。震災でライフラインが切断され、放射能汚染の不安にも苦しんでいます。しかし次第に通常の生活に戻りつつあります。そのような中ですが、5月13日には第1回の授業研究会をしたいと思いますので、お越しいただけますでしょうか。このような状況でも、先生と一緒に授業研究をできることは、私たちの喜びです。授業研究は、私たちの学校の心の糧であり、教師たちの心を力づける機会になります。私たち教員の使命は、教室での授業を通して子どもたちの心をケアすることだと思います。まだ駅前からの道も十分には復旧されていないところもありますが、お越しいただくことはできませんでしょうか。」

　その学校には依頼をいただいた時点で、私はすでに10年近く校内研修でかかわらせてもらってきていた。この学校は指定校などの特別の財政支援を受けているわけではないが、1983年から33年間、学校で授業の自主公開を続けてきている。この校長先生の文章からは、大変困難な時であったとしても授業研究会を行うことが、教師や子どもたちのために必要であるという信念を読み取ることができる。そしてこの学校では記録に残っているのは33年間であるが、もっと前から授業研究の自主公開は行われてきていたはずだという。私が知ってい

る範囲でも、日本にはこうした伝統的に公開研究会を自主的に続けている学校はこの学校以外にも数多くある。

　日本の学校や授業を考えるときに、授業研究は上記の手紙にあるように、心の糧であると同時に、教師の専門性の真髄を考える手がかりともなる。授業研究は、現在チーム学校やアクティブ・ラーニングなど新教育課程の実施のためにも、また学び続ける教師の専門性向上にとっても大事な学びの機会として位置づけられている。と同時にそれは今では、日本が誇る輸出品でもある。

　2017年4月。中国福建省福州。台湾と中国がお互いの壁を越えて学びの共同体の授業研究に取り組んでいる大会に参加した。一人の30代の男性教師の小学校国語の授業。彼は若いが中国では優秀教師として表彰を受けている教師だそうである。西遊記の最初の部分　孫悟空の誕生を取り上げた授業。教科書だけではなく、子どもたちは当該部分を古典西遊記の多様なバージョンの本をそれぞれが読んできていて、その経験ももとにテキストを読んで語り合っている。その授業が体育館に設置されたスクリーンに目いっぱいに大きく映し出される。しっとりとした落ち着いた授業であり、子ども同士が聴き合って真剣に話をつなげているのがそのまなざしや表情からわかる。また活動がゆっくりの子どもを脇の子どもが支え合っている姿も見える。行間を読み推測し合ったり、表現のおもしろさや美しさを子どもたちが小グループで語り合い、それをさらに皆で交流し深め合っていく。教師はその時々に子ども同士の語りに問い返し根拠を尋ねたり、テキストとつないだりしている。その様子が大型スクリーンに映し出される。子どもたちの脇には何名かの教師たちが子どもたちの学びを観察記録している。授業後の協議会では600人を超える教師たちが一つの授業を観てそれについて語り合ったり、観察者や助言者のコメントを聴いて学び合っている。日本の授業研究に学びながらも、そこには彼らなりのさまざまな工夫と挑戦がある。私も助言者の一人であったが、私のコメントに対して、「こんなにつぶさに授業における子どもの学びを観てその意味を語るコメントは初めて聞いた。私たちは授業をするだけではなく、授業を観ることを学ばなけれならない」と中国の大学のある女性研究者は語ってくれた。おそらく授業研究のサ

イクルを生み出すことと、授業の探究としての研究をするために授業を観ること、あるいは授業が見えることは同じではない。

翌日厦門の小学校。そこでは算数の授業で子どもの行う多様な考えを見て回りながら、授業者は困っている子どもたちのいくつかの解法をスマートフォンで写し、電子黒板でその内容を皆で共有し、考えていく授業が行われていた。ICT機器が子どもたちの学びを見取る道具として巧みに使われている。

時代の要請とともに授業研究の体制は、かたちを変えてきている。しかしその中でも授業研究において変わらず求められるものは何だろうか。それは何のための授業研究かという問い、志向性の問いであり、授業研究が授業研究であるために何が必須の要素かを問うことにつながるだろう。この点を日本の授業研究の独自性と具体的な教師の声から考えてみたい。

2　授業研究の発展と学びの理論

(1) 授業研究の国際的展開の中で

授業研究は、レッスンスタディの名称のもと、国際的にもこの20年間に東南アジアや北米だけではなく、欧州、豪州、南米、アフリカ等、多くの国へと急激に拡大をしている。つまり、教室での授業を他の教師に公開し、協働で参観・協議・検討をするという様式で教師が学び合う輪は、グローバル化して広がっている。世界授業研究学会（World Association of Lesson Studies）に参加し、何らかのかたちで、レッスンスタディに取り組んでいる国は、すでに50か国を超えている。その輪は、学校種としても、小学校から中学校、高等学校、大学へ、幼稚園へ、特別支援学級等も含め展開をしてきている。

興味深いことに、レッスンスタディがそれまでなされておらず新たに導入されるときに、政府主導で始まったシンガポールや香港など、また研究者が紹介することで始まった後に予算がついた米国や英国、台湾、韓国、中国など、またJAICAの教育支援から始まったインドネシアやベトナム、ミャンマーなど

では、その広がり方には違いがある。投じられる予算額や拡張規模も異なっている。しかし一度レッスンスタディが導入された国では、すべての学校でその後定着しているとはいえなくても、興味深いことに、取り組む人が生まれ、そして消えることなく続いている。それだけ、レッスンスタディとしての授業研究という教師の学びの様式は、専門性の向上や授業改革に与える影響が大きいことの証左である。教師自身や教育行政官という学校教育の実施主体によって広がっていっているということができる。これら多くの国では、教師たち自身がケースレポートとして重大な出来事等について事例を記録して読み合う事例研究などを中心にした教師の研修は前から行われてきていた。またカリキュラム内容の検討の議論や研修も行われてきた。ただしそれらは、授業者側から見た授業事後の振り返りか、事前の計画である。実際に生の授業を観ることを通して初めて、教師は、身体化した実践知の習得をすることや変容の具体的イメージをつかむことができる。そして授業の進行に伴い生徒がいかに学んでいるのか、どこでどのようにつまづくのかという学習過程の理解やその偶然性を生み出す文脈や環境のあり方への理解を深めることができる。

(2) 日本の授業研究の強み

　この授業研究の仕組みが米国での研究者による解説によって、英語で広く紹介されていくことによって、日本の授業研究が持つ制度的な強みや可能性が、海外での展開と合わせ鏡のようにして、日本の研究者にはわかってきた。それは歴史的に明治時代以来実施されてきた強みであり、多様な授業研究の様式のバリエーションが国内各地にあることの強みである（秋田、2016）。それを大きく分けるなら5点あげることができるだろう。

　第一には、日本の場合、小学校や中学校では校内研修として学校全体での取り組みに授業研究がなっているという特徴である。「事前検討―授業研究・授業参観―事後協議」のサイクルは海外でも共有されている。しかし、その体制に学校全体で取り組むことは難しい国が多い。米国では、カリキュラム内容や授業デザインなど教師の教科や教材内容理解とデザイン重視の議論が授業研究で

も中心である。そのため現在も、算数や理科などの特定の教科を中心とした授業研究が盛んであり、学校教育全体の改革と授業研究がつながる日本のような体制とは異なっている。それは、教師の教科内容、教材内容の知識を習得することがまず授業を変えていくのに重要であるという、導入した米国での研究者たちの米国の実態に即した判断がある。またスウェーデンでも、学力向上のための授業改善として、レッスンスタディが位置づけられてきた。そのために数学等の教科を中心に取り組まれ、学力下位層の子どもに焦点を当てて、バリエーション理論などの考えを入れながらの授業研究を行っており、授業研究においてどのように学習のパフォーマンスが上がったかが問われている。美術や図工などの芸術教科や体育、道徳等についても授業研究がなされることは、日本の授業研究の独自性である。そこからは、単なる短期的な学力向上策としてだけではない面を、私たち日本人は授業研究の中に見出しているということができる。

　ブラジルでは、国のナショナルカリキュラムを近年初めて制定したために、その定着と普及のためにはレッスンスタディが有効であると考え、導入を検討している。日本の研究開発学校等の仕組みにも似たかたちで、パイロット校の授業を観ながら学び合うことが想定されている。日本では明治時代には師範学校を中心に、またその後も附属学校等が新たなカリキュラムや科目の実施において先進的モデルを授業研究を通して見せる役割を担ってきた。しかしながら日本では、こうした特定の指定校等だけではなく、どの学校でも授業研究の仕組みがある。このこともまた日本の授業研究の強みである。だから転勤しても、どの教師も校内研修としての授業研究にどの学校でも取り組むことができる。

　これを可能にしているのは、第二には、授業研究を支える人工物としてのさまざまな文化的道具（ツール）の存在である。授業を観て語るための様式や道具を日本はいろいろ開発して持っている。指導案、速記録、授業記録などの協議会のさまざまなシステム、実践記録をまとめた研究紀要をどの学校も学校独自の工夫を入れて作成しているし、最近ではIT化されたシステムなども開発されてきている。それらの様式を用いて授業のデザインと振り返りを記した記録は、思考を外化し、教師の思考を方向づけ、またその思考を教師間で学校

として共有し価値づけたり意味づけたりすることを可能としている。

　そして第三には、授業研究における教師の学びを深め、学校の知を拓いて支える人と制度が日本にはシステムとして作られてきていることである。指導主事や指導助言者などの制度がある。2000年代からレッスンスタディを始めた国々では、このメンターやスーパーバイザー役の育成が当初問題になり、また一部の大学研究者と学校のパートナーシップというかたちで形成されている場合が多い。日本では、指導主事制度や、退職校長等が助言者になることで、積み上げられた実践知が伝承されて、またそれらが更新されていっている。また大学の研究者が学校の研修に関わる歴史が長くある。これ自体が他国での大学の研究者の仕事やイメージとは異なっている。そこに伝承の仕組みがある。

　そして第四には、教師が協働で学びやすくする学校教育制度の仕組みがあることである。日本では、授業の質の改善に教科書が大きく貢献をしており、良質の問題や学習活動が教科書に収められている。そしてその解説を行う教師用指導書も形成されている。現在日本の数学教科書が英語で海外で紹介されているのもこうした背景からである。教科書を共有していることで、この教材ならこのような授業展開であろうといった教材に関する知をあらかじめ日本の教師は共有している。そして、教師は小学校なら6年間、中学校では3年間のどの学年も担当をする。こうした教材や指導担当体制が授業研究を学校全体あるいは学校を越えて行うことを容易にしている。

　第五には、いわゆる学校内だけではなく、有志によって民間教育団体などで多様な授業研究がなされてきていることである。そしてその中で指導主事等とは別のかたちで、学校を越えて教師たちのネットワークが形成されていることで、授業者があこがれのモデルにしたい教師や授業を見つけたりしている。これは、学校での校内研修とは異なり、教師にとって生涯学び続けていくための支援ネットワークとしての重要な機能を果たしている（秋田、2017）。

(3) 授業をとらえる学習理論と検討システムの転換

　日本の授業研究が国際的にも広がり始めて20年ほどになる。その中でも、日

本の授業研究は大きく変わってきた。それは学習観や学習方法の転換とともに授業研究も変わってきたといえる。ここでは学びの共同体のネットワークを一例に、その20年の中での転換を見てみよう。そこには大きくは3つほどの変化がある。

　第一は、教師の専門性の見方の転換である。1990年代の終わりに、佐藤学氏や佐伯胖氏によって学びの共同体による授業研究の議論が行われた。それは当初は、技術的専門家として教師の専門性を指導技能にあるとしてきた、教える専門家としての見方から、反省的実践家として授業中に即興的に子どもたちの学びから学び、その学びの過程に対応する判断や省察を行う学びの専門家としての見方を提示するものであった。つまり、教師の学びを行動主義心理学の学習論によって指導スキルの習得からとらえる見方から、教科内容(content)、認知(cognition)、文脈(context)の3C重視の専門性へと目を向けることへの転換が提唱された。そしてそれによって、授業研究においても事前協議会としての指導案検討の廃止や指導案を簡略化し、反対に授業後の振り返りをていねいに行うことが提唱された。授業において観ることが教師の行動を観るのではなく、一人ひとりの生徒の学びの事実をとらえることが議論された。そしてそこでは、教師同士の同僚性の構築と保護者の授業参加など授業を通した人のつながりが語られようになった。そして話し合いから、聴き合う関係が重視され、教師の方を向いた机並びからコの字型の体系へと変換が図られ、教師の仕事は子どもと子ども、子どもとテキストをつなぐことであり、戻すこととされた。

　そして第二には、いわゆる一斉型の授業から協働学習中心の授業への転換である。2000年前半には、ヴィゴツキーの社会文化的アプローチによって、学び合う関係としての小グループやペアでの協働学習へと学習形態の変化、またそこでどの子も学ぶためには互恵的な学びが重視され、そのためには課題として、発達の最近接領域に届くような課題設定(「ジャンプの課題と呼ばれる」)がいわれるようになっていた。それによって、授業研究における授業参観がペアや小グループの関係を観るというかたちに変わっていった。一斉授業の形式と異なり、子ども同士のつぶやきや質問や援助要請と応答の関係が重視されること

によって、子どもの声をより傾聴することが大事にされていった。それは授業参観者にはよりていねいに授業を観ること、そして一人では授業全体を観られないからこそ授業参観を共同で行って、それを協議会で報告しながら協議を行っていくような参加者の責任が分散するかたちの授業協議をもたらしていった。またそこでは、グループで考え合うのにふさわしい学習課題のあり方と教科の内容の本質としての教材や課題が議論されるようになっていった。

　そして第三には、特定のパイロット校モデルを中心とした授業研究のネットワークからネットワークのネットワークと呼ばれるように、授業研究を行う学校の輪が各地域でその特徴や特色を生かしてそれぞれの差異から学び合うかたちへと転換していったことである。2010年頃までは、パイロット校の公開授業研究会に多くの人が集まり、その学校の授業をモデルとして自校の授業改革が行われるよう、学びの共同体のネットワークは広がっていった。それとともに多くの授業助言者が必要になることから、授業に関わるネットワークではスーパーバイザーとしての仕事を自主的に担う人々も増えていった。そして2010年前後からは一つのネットワークと同時に、各地域に網の目のようにその授業づくりの理念や方法を共有する学校の輪ができていっている。それによって、類似の理念だがそれぞれの学校規模や地域の自治体の支援のあり方に応じたかたちでの授業研究が行われてきている。

　それによってより緩やかなかたちで、学びの共同体のネットワークの構成員となっている学校かどうかではなく、学び合う学校の理念がその学校や教師のそれまでの経験や生徒の実態とともに独自の実践を生み出してきている。それはいわゆるフランチャイズ型のような学校ではなく、それぞれの地域独自のありようを生み出してきている。これは、いわゆる東アジアのさまざまな地域に学びの共同体の理念が広がっていき、哲学や原理は共有しつつも、その地域独自の方法やそこでのカラーをより入れるようになってきている、ということができる。Spillane et al., (2011) が指摘しているように、教師の仕事や学びのルーチンとして、授業研究の実施体制と実施サイクルは、組織や学びの理念とカップリングしている。図1に示すように、教員の学びの活動とそれを支える

システムは、研究や学習の理念がどのようなサイクルとどのような時間の流れを教師の学びの場に準備するのか、何を対象として何を議論するのかを決めていく。授業研究のサイクルの順序は同じでも、事前協議重視の時期、事後協議重視の時期、研究授業での参観重視の時期によって何を観るのか、誰がどのような責任を負うのか、それによって何が授業参加者に見える化されるかは、時代とともに、その背景にある理論によって違ってきている。

教員の学びの活動システム形成 学びの理念・力点―検討体制―サイクルでの重視点のカップリング		
理念ビジョン	スケジューリング　時間（系列化）	推進組織体制　場（場の構成）
研究主題（何を目指すか）	研究推進体制	研究サイクル（頻度、時期）
研究アプローチ	授業研究（サイクル　どこに時間を長く多くの労力を配分するか） ①事前協議 ②研究授業 ③事後協議	①何を対象として（教師、生徒、教科） ②誰が、どのようなグループで ③どのようなツールを使って ④それによって何が可視化されるのか
新たに見えてくる具体的な課題とその克服方法	探究サイクル 教師各自、学校として 「知見―課題意識―日常の実践化―新たな各自の課題意識化」 職員間のコミュニケーションネットワークの形成のあり方	個人、集団、学校を超えてつなぐ情報共有のメディアシステム

図1　教員の学びの活動システム形成

3　授業研究の実際

(1) 授業研究協議の困難

では、授業を同僚とともに創り検討するにあたって、何が今問われているのだろうか。表1は、全国の小学校から135校に回答のご協力を得て、どのように授業研究を実施運営されているのかを調査した結果の一部である（秋田・椋田、

2014)。表の中の頻度下位群、中位群、上位群と記してあるのは年間の校内研修での研究授業頻度が5回以下、6－10回、11回以上と便宜上分けて集計してみた結果である。

表1　授業協議会の困難事由(秋田・椋田、2014)

		下位群(46校)		中位群(39校)		上位群(45校)	
A	協議会の時間を十分にとることが、むずかしい	28	61%	27	69%	26	58%
B	協議会で意見が出にくく、活性化しにくい	11	24%	4	10%	6	13%
C	声の大きな一部の意見等に、流されやすい	6	13%	2	5%	4	9%
D	遠慮があり、本音で話すのはむずかしい	8	17%	9	23%	4	9%
E	協力的でない人もいて、意欲を高めるのがむずかしい	3	7%	2	5%	3	7%
F	教育観の異なる人とは、相いれにくい	4	9%	2	5%	5	11%
G	授業を公開しても実践者の意図とは関係のない協議になる	1	2%	2	5%	1	2%
H	話し合いはしても、議論が深まらない	5	11%	11	28%	7	16%
I	協議した内容が、次からの実践に具体的につながりにくい	8	17%	15	38%	5	11%
J	研究協議を続けても、年間を通して積み重ね深めるのが、むずかしい	7	15%	13	33%	12	27%

ではこのような中で、実際に教師たち自身は授業研究をどのようにとらえているのだろうか。それは頻度によってどのように異なるのだろうか。これは協議会にのみ焦点を当てたものである。どの学校にも共通するのは、いかに時間を捻出するかである。それに対して、頻度により違うのは、頻度が少ない学校では声の大きな人のモノローグになりやすいという問題を抱えているのに対して、頻度が多い学校では参加よりもそこで語られる語りの質やそれを積み重ねていったときの効果という、より奥の深い悩みが生まれてきていることである。では、それをどのように乗り越えていくのだろうか。

(2) 心に残った研修のエピソードから

研究者が自分が入った学校の事例から、うまくいっている学校の事例やその校内研修のあり方を紹介することはよく行われる。しかし教師自身が自分たち

で行うときに、教師一人ひとりにとって、授業研究が学びになったときとはどのようなときだろうか。研修についてはさまざまな課題は語られるが、教師自身にとっては何が大事かを調べるため、ある自治体の約80名の教頭に、自分の体験を振り返って心に残った校内研修エピソードを小グループで具体的に語っていただいた。そしてそのエピソードをもとにして何が大事な要因か、教師がワクワクしてやってみたくなる授業研究としての校内研修に関わる要因をあげてもらった。それを筆者なりに整理したのが次の表2である。

表2　教員の心に残った校内研修エピソードから導かれた、教師がやりたいと思う研修に関与する要因
(教頭研修での教師自身の語りの言葉から)

> **1　研究授業前**：研究授業者以外の同僚も研究授業前から授業の研究に参画しているチームで、教材などの研究に取り組んでいる。学年や教科などみんながあらかじめ研究に巻き込まれている。チームで研究授業に取り組む（他の教師も先行授業などを行っている）。
> **2　研究授業**：授業参観に臨むことで参観者が夢中で参観できる。
> ①その教師らしい存在感がある。環境創りや教材・物の準備がある。その教師の技術を学べる。自分にないものを学べる。
> ②授業者である教師自身の願いが明確である。チャレンジ精神やフロンティア精神、挑戦、冒険心、熱い心などを感じ取れる。
> ③その教師にとっても新たな取り組みとなる課題選択があり、オリジナリティがある。手作り感がある授業となっている。そのために教材開発や教材研究が十分になされ、その授業で効果が本質的な課題となっている。また新たな取り組みにより、学校に新しい風が入る感じがある。何か新しいことを一つ試みたことに学べる。
> ④その授業時の子どもが学習を楽しんでいたり、子どもに確かに力がついた授業だと思える。
> **3　授業協議会（検討会）**：誰もが主体的に参加して学び合っていける対話となっている。
> ①協議時の雰囲気：オフィシャルすぎず、インフォーマル研究会として、自由に積極的に本音トークが出やすい雰囲気になっている。教師にとって、安心感や居場所感があり、堅苦しくなく、気軽に発言できる雰囲気がある。先生方の話

がつながり、途切れない状況になっている。
そのための手立てとして
A　参加者の役割が明確になって全員が役割や責任を持ち、目的意識を持てるようにする。そのためにはファシリテーターのスキルが大事。
B　若手もベテランも活躍できるようにすするために、協議の方法として、小グループに分ける、グループはくじや年齢別などにしてみる。形態にこだわらず、いろいろなやり方に挑戦してみる。少人数での意見交流ができるようにする。
C　協議会の場所を同じ場所だけではなく、動きのある環境にするために、会議室から出て他の場所で行ってみたり、教室の黒板を前にして書きながら議論。体育館を使うなどもやってみる。
D　議論をまとめたり報告するときにも、若手にグループ発表をしてもらう。
E　参加者全員が発言するルールやそのために付箋使用などの工夫をする。
F　話し合いだけではなく、体験や実行型で実際にやってみる実技型研修も加えることで、体験や物などについても議論する。

②参加者の発言が互いに学びになる。
A　「あれ？」「えっ？」など、発見や意外性、気づきなどのほか、新たな考えを出せる。
B　困り感の開示、素直な質問、「あれ？」などが言える。
C　何を言ってもよいと認められ、プラスもマイナスも言える。そのことで、一人ひとりの教師が認められる対話になる。
D　授業や授業者に対する語りにおいて、先生の身になって考えたり、授業者への愛情があることで共感共鳴が生まれる。授業者も承認・賞賛されることで、プラスの評価を得ることで、お互いに授業のよさを語ることができる。
E　授業者と参観教師の関係の語りにおいて、参観教師が経験談を出せる（失敗は成功のもと）。自分だったらと参観者が考え、自分事、自分の課題とつなげて語る。「自分なら…にするよ」なども考えを深める一つの質問や契機になる。
F　授業についてわかった感覚が持てるような発言が出る。学びの足跡を語ることで、すっきりわかったり、「なるほど、やっぱりね。わかった」となるためには意味づけ方（価値を見出す）が大事である。
G　教科教材の理解に関する発言として、内容の専門的な話し合いが行われる。

教材開発の楽しさも語られ、「ちょっと難しい話もできた。教科の系統性が見えてきた」といった専門性の向上が感じられる。
H　子どもの理解について語られる。授業内での子どもの輝きや変容のポイント、子どもの動き、変容の実感が語られる。それによって、その子どものよさの新たな発見や子どもの変容や成長が参加者に見える。予想外の子どもの発言についての議論や想定外の話になっても、ナイスな対応をした教師のことも語る。子どもの具体的な動きや表情が話し合われる。子どものすてきな姿や思考が変化した点を語る。また子どもの姿を通してつけたい力を見出す語りをする。子どもの授業後の振り返りノートなども手がかりにして語り合う。子どもの発言や行為に学ぶべき発見があると、参加者の学びが深まる。
I　授業を観る新たな視点を得る発言がある。視点が新しく広がり、多面的なとらえ方や多様な意見など、意見が分かれ対立的対話や考えが出る。また異なる視点や教科を横断した意見などが出ることで学ぶことができる。

4　協議会（検討会）の成果

①教師一人ひとりへの意欲の喚起：授業者はやってよかったと思える。ポジティブな個人の肯定感がわく。また参加者の教師にとって、研修の評価として「楽しかった、またしたいと思う」ことで明日以降の授業への活力が共有できるよう、研修の終わった後にやる気が出ること。教師自身が取り組みの意識を高め、教師自身が学ぶことを楽しめるようになっている。

②授業改善への実践化：参加教師が普段の授業改善に協議会内容からつなげることができる。あるいはすぐにはつながらなくても、改善すべき課題が見えたり、改善策がわかる。即効性（明日できる、明日すぐに使える、すぐに使える、すぐに役立つ）ものを習得し、実生活に生かせる。具体的な改善策の有効性が明確になると次の授業改善への刺激となる。また新たに導入された学習ツールなどを学校として取り入れ共有化することができる。

③教職員の一体感の醸成：一緒に次への期待感を持てる。共感や心地よさを感じる。具体的に目指したい授業イメージを共有することができる。

④さらなる研修への期待の高まり：研修の記録を残し共有化していく。その中で、短時間でも研修ができるので積み重ねようという継続性の意識や意欲が生まれる。やってよかったと積み重ねが生まれる。また時には、PCを使わない日を

> 創ると会話が倍増すると感じられるようになる。研修に出れば得るものがあるという感覚を参加者が共有していく。
> ⑤先生方の変容
> 　学校の未来への具体的な志向性や期待が生まれたり、ヤングミドルの教師たちが研修で活躍し育っていくのを実感できる。

　まず研究授業前からのチームでの取り組み、そして行われる研究授業、そして協議会のあり方、さらにそこからその結果として何が生まれるのかを見てみることで、授業研究にとって教師が求めている事柄が見えてくる。第一には、協働での探究という点である。研究授業が授業者だけではなく、誰にとっても自分事になるためにはプロセスを探究・共有していけることが必要である。そして第二には、研究授業自身が魅力的であるということである。それは授業がうまい、すばらしいというだけではなく、その先生が工夫したり挑戦したことが見える、その先生らしさに教師は学ぶことができるということがいえるだろう。
　そして第三には、研究協議である。そしてそのためにはさまざまな手立てのための知恵や工夫が必要であるということである。そのためには協議対話の前提として、まず(1)聴くことや共感受容の重視がある。「自分の考えが伝わった、他の教員に共感してもらえたと感じられることで、自分の存在感を認めてもらえたと感じられる。そのためには自分の話した発言に対しての応答があること、共感や自分の考えを聴いてもらったと感じて交流できることが必要」といった言葉で教師が語るように、協議会では話し合いよりもまずは「聴いてもらえた感」が大事ということである。そして、(2)多様な考えを受け入れる寛容さである。「考えや意見の相違を受け入れられ、認められる寛容さがあることで、多様な考えを知ることができる。それによって初めて双方向での楽しい意見の交流ができる。また、聴くだけではなく一人ひとりが話しやすくなり、主体的に違いを楽しむことができる」といったように、均質ではないことからの学びである。それはまたさらには、(3)違う考えの対峙は「差異によって、新たな考えを知り、刺激が与えられ、さらに考えを出し合うことができる」といった

こととしてもあげられる。そして (4) 共通の目標や目的意識の共有化が生まれていることである。「協議会に臨める。協議課題が明確になり、焦点化した話し合いや焦点が明確になっていることが求められる。ただしその明確なテーマや研修の目的意識を持つためには、トップダウンではなく、学びたいことを相互に出して研修への明確な視点や課題を持つことで、研修への心構えが生まれる」といったことがあげられる。

そして第四には、協議によって何かが毎回生まれたという実感を持てるということである。つまり集団としての達成感が生まれることで積み重ねが生まれるということがいえる。

しかし、こうして語られる授業研究のあり方の中には、いくつかの対立軸も含まれている。表2は全体を一つにまとめて整理したものであるが、80人の中にはいろいろな方向性の軸の違いが見られた。第一は、聴き合って共有化していくという方向性と、対立した考えや多様な考えで揺さぶられ、最終的にはまとまらなくてもそれぞれ一人ひとりが学べればよいという方向性である。また第二には、すぐに役立つ、明日から使えるという実用性や速効性を求める方向性と、自分で問い探究できる課題が見つかることが大事だという方向性である。また第三には、子どもの側の変容や子どものよい面の発見、あるいは教材の内容の理解など、協議会の話や発言の内容に重きを置いて授業協議会のあり方を考える方向性と、全員参加や自由に話せるなど会話の場の雰囲気やそのための手立てに重きを置いて考える方向性である。おそらくこれらはいずれも重要な点であり、実は魅力的な研修に含まれる複雑性や複合的な性格を示している、ということができるだろう。

(3) 授業における気づきや見え

上記の要因の中でも、研究授業を行った授業者だけではなく、多くの参観者にとって授業研究は、新たな気づきを生み出す点が重要である。すなわち、見えることや気づきが生まれることが授業研究における魅力であり、それがまた、教師の学びをおそらく持続可能な研究会にしていったり、逆におもしろくない

ものにしていったりすることにつながるだろう。その意味では、授業研究において必須の要因の一つが「見える」ということだろう。授業研究はデザインすることや話し合いとしてとらえられがちである。しかし教師が専門家として探究し続けるためには、ある授業にあこがれる、魅せられることから、さらに、「見える」「気づく」「先が読める」ことへと転換が図られることが大事な点になる。同じ授業を見ても、「見える」こと、そのためには他者の見えを聴くことで見え方を知ることは大事になる。

　斎藤喜博（1969）は、「授業においては見えることがすべてである」と述べる。そして、「己れをむなしうして、むしろ子どもの側に自分をおき、子どもから学びとろうという態度でないと、あるがままの正しい子どもの姿は見ることができない。子どもの行動の現われは、その子個人として単独に起こることより、その子の生活している周囲の状況、周囲との関係によって起こることのほうが多いのであるから、そういう横の関係とか、それ以前からの縦の関係とかをもよくよく観察して、その個人とか、そのできごとだけから、その行動を判断しないようにする態度も必要である。」と述べている。つまり「見える」ためには、その子どものまわりの関係が見えていることが大事であり、またあるがままの子どもの姿を見ずに、己の枠で子どもの側を見てしまうことがあるということを述べている。

　また日本の授業研究をベトナムに伝えてベトナムの教師が授業ビデオで何に気づいているかを調べたTsukui et al.（2016）は、教師らは教室での実践を、2つの異なる価値観で観ていたとしている。一つは、教室での実践が、こうあるべきという教師の期待に対して、授業が成功しているか、失敗しているかを重視する見方である。もう一つの見方は、文脈上の出来事として教室においてある行為がどういう意味を持っているかを探索していくことに価値を置く見方であるとしている。これは前者が、斎藤が述べる己の枠からの見方であり、後者があるがままを観ているということになるだろう。そして授業において注意を向ける対象として(1)学習環境、(2)生徒のふるまい、(3)授業で使われるツール（道具）、(4)生徒は何ができたのかという成果、そして(5)生徒間のつなが

りである。

　例えば、私が尊敬している元教師の授業助言者小畑公志郎先生は、発言している子や目立つ子ではなく、目立ちにくいけれどもしっかりと考えている子、考えているようでいながら、きちんと学べていない子などを授業のビデオからいつも指摘して、そのクラスの子どもたちの様子をつぶさに語られる。また「教師の中には、皆さんいいですか」と訊く人は多いが、その時の「皆さん」として、どの子がいいと言ったら本当にいいかを意識できている教師は少ないと指摘される。そして具体的に「この教室だったらこういう子がうなずいたらいいですよね」と、ビデオの画面から的確に指摘をされる。それらはいわゆる授業記録としての発言記録のようなかたちで言葉だけを聴いていても見えてこない子どもの姿である。そして意識してその小畑先生の見方をたどってみることで、見えることがある。

　同様に長年授業助言者として授業づくりに参加してこられた石井順治先生は、「子どもが見えるということは、子どもの学びが見えていること、課題や教材が見えていること、つながりが見えていること（子どもと子ども、考えと考え、題材と考えのつながり）」の３つが見えていることが必要だと述べる。しかし、子どもの学びは目には見えないので、どこがわからないのか、どんなことでつまずいているのか、どんな考え方をしているのか、何に興味を抱いているのか、どうして興味を失っているのか、どんなことに心を動かしているのか、どんな発見をしているのかを見ることであり、そのためには、子どものよさを感じ取る見方ができること、心を砕いて見ようとする見方がないかぎり見えてこないという。そしてその子の今を見るだけではなく、先が読めること、短期と長期にどのように学び育つかの予想があってこそ見えてくるといわれる。つまり過去から今、そして未来へのつながりが読めることが見えるために必要となる。そしてこの見えは授業を自覚的に見ることでしか、見る目は育たない。したがって、センスのよい授業やすばらしい授業がたまたまできること以上に、授業が見えるということには、経験としての職人技としての見えることが求められる。

そして、おそらくこのような見方、「見えること」を問うているのは、日本の授業研究の独自性でもある。認知的にわかっているかどうかだけではなく、その子の存在や関係性を見ることによって初めて、いわゆる子どもや授業が見えるようになる。それを日本の教師たちは授業の形態や方法は替わっても求めてきた。ただし、その多くは孤独な求道者としての歩みをもって自分が見えるようになることを求めてきた。

　しかしこれからはそうした教師個人の学びととともに、自分の見え方を同僚や同志と共有し合うことによって、より深く多様な見え方を共有していく転換が求められているのではないだろうか。何を見るかは、授業研究を行うその文化や価値が規定している。そのことを意識しながら、すべての子どもの学びと育ちを保証する授業研究を問うことが、これからの時代においても授業研究に求められているのではないだろうか。　　　　　　　　　（秋田喜代美）

〈参考文献〉

秋田喜代美・椋田善之（2014）「小学校授業研究協議会実施の工夫と困難に関する調査検討」日本教育方法学会第50回大会　自由研究12③　2014.10.12 広島大学

秋田喜代美(2016)「授業研究入門１回　観る―語る―振り返る」授業UD研究１、pp.62-69.

秋田喜代美(2017)「授業づくりにおける教師の学び」佐藤学・秋田喜代美・志水宏吉・児玉重夫・北村友人（編）『教育　変革への展望　第５巻　学びとカリキュラム』岩波書店

石井順治(2013)「事実を『見る目』を磨く」東海国語教育を学ぶ会『学びのたより』2013.6.1

斎藤喜博（1969）『教育学のすすめ』筑摩書房

斎藤喜博（1946）『斎藤喜博全集第２巻』国土社

佐藤学（監修）（2000）『学校を創る―茅ヶ崎市濱之郷小学校の誕生と実践』小学館

佐藤学（2005）『学校の挑戦―学びの共同体を創る』小学館

佐藤学（2015）『学び合う教室・育ち合う学校～学びの共同体の改革～』小学館

Spillane, J., Parise, L. M., and Sherer, J. Z. (2011) Organizational routines as coupling mechanizums: Policy, School administration and the technical core. *American Educational Research Journal* 48(3), pp.586-619.

Tsukui, A., Saito, E. M., Sato, M., Michiyama, M. & Murase, M. (2017) The classroom observations of Vetnamese teachers: mediating underlying values to understand and student learning. *Teaching and Teachers: theory and practice.*, DOI 10,1080/13540602.2017.1284055.

おわりに

　2010年、国士舘大学で開催された日本教育方法学会第46回大会のラウンドテーブルで、「大学研究者は授業研究にどのようにかかわっているのか」をテーマに意見交流をしたのが本書公刊の出発点となっている。このラウンドテーブルは、その後、2011年の第47回大会（秋田大学）、2012年の第48回大会（福井大学）と３年連続で開催されることとなった（いずれの回も企画は編者の鹿毛・藤本と大島崇氏、登壇は秋田喜代美氏・木原俊行氏・小林宏己氏・田上哲氏および鹿毛、司会は藤本で行われた）。これらのラウンドテーブルは、日常的に学校現場に入り、校内研究や校内研修などに関わる私たち大学研究者が、いったいどのようなスタンスで臨み、何を観察し、何を協議会や講演の場で語ろうとしているのかについてざっくばらんに語り合うという趣旨で企画された。時には各自の「フィールドノート」をその乱雑な走り書きも恥とせず、敢えてプロジェクターにて映し出しながら、授業研究に関わる「同業者」の「手の内」を互いに覗き見て、各自のまなざしを検討し合うことも行った。３回のラウンドテーブルで明らかになったことは、各論者の基礎研究の領域や学問背景などがそれぞれのスタンスに避けがたく影響を及ぼしつつも、他方で、授業研究に関わる研究者に固有の学びと共有できる視座があったということだ（これらのラウンドテーブルの記録は以下の慶應義塾大学教職課程センター年報に所収されている。「大学研究者は授業研究にどのようにかかわっているか（1）」（『慶應義塾大学教職課程センター年報』第20号、2010・2011年）、「同（2）（3）」（『同年報』第21号、2012年））。

　グループ内では「若手」にあたる筆者も、この３回のラウンドテーブルで先達のリアルな苦悩と試行錯誤から多くを学んだ。そして、同時に研究者にとっても授業研究とはまぎれもなく実践のプロセスなのだということを痛感した。本書を通読していただければ容易に気づかれると思うが、各論者は具体的な事例をもとにしてしか持論を展開できないくらいに、授業そのものと不可分に向

き合っている。彼らは決して「授業者」ではないし、多くはその力量もない。しかし、いつだって自身の関与した具体や実践を通じて枠組みや信念を提案しようとしている。子どもの学びも教師の学びも、そして時にそれに伴う自身の学びも、やはり、授業研究という具体的な実践を通じて、そして研究者もそこに「当事者」として身を投じてこそ語られ記述されうるものなのだろう。

　本書に集った研究者たちは、たいていの場合、本人の意図とは無関係に、一つの学校に結果的に長くつき合っている。筆者も、一つの学校と10年近くの関わりを持つことも珍しくはない。気づけば、養護教諭以外のすべての管理職・教員が入れ替わっていたことも筆者にはあった。私たち研究者が、新奇にパッケージ化された理論や方法を持ち込み、それを現場で検証・実証するために関わってきたのではなく、悩みを共有し、その学校のことがいつも気がかりで、大学等で教育学理論や心理学理論を講述するときにでも、そこでの事例や経験をもとに臨んでいる。長期に同じフィールドで教育実践に関わる中で見えるものは、子どもの成長のみならず、教師や学校そのものの変化であった。

　授業研究は誰のためのものなのか。この問いは各論者に共通して胸にあるし、学校現場で関わっているまさにそのさなかにも問い続けていることだ。授業研究を創る主体は学校現場の当事者であることは言うまでもない。編者らがまとめた論文「『当事者型授業研究』の実践と評価」(『教育心理学研究』第64巻4号、2016年)を通じてもそのことは実証的に確認できた。だが、そこに人格と個性と(教師とは異なる)専門性を持った私たち大学研究者も対等で重要なアクターとして位置づき、一緒になって授業研究を契機とした学校文化の創造もしているのではないかと筆者自身はひそかに考えている。

　このように、授業研究は、まだまだ多様な研究と実践の、甲斐と余地のある営みと言えるだろう。

　最後に、編者を代表して、この場を借りて多くの方々に御礼申し上げなければならない。本書に匿名化されて登場する多くの実践事例は、断るまでもなく実際は固有名を持った教育行政機関・学校・管理職・教師たち・子どもたちにより展開されたものであり、私たちに多大なる刺激と示唆を与えてくださると

ともに、授業研究に関わるようなこのような出版物を期待され、私たちを励ましもしてくださった。ラウンドテーブルの場では、参集いただいた教育方法学会の多数の会員の方々が、私たちの気づかぬ視座を示してくださったり、地域・地方によって異なる授業研究文化のあることも語ってくださったりと、たえず心地よい批評を与えてくださった。また、それぞれご多忙の中、本書の執筆に加わってくださった秋田喜代美氏、大島崇氏、木原俊行氏、小林宏己氏、田上哲氏、田村学氏、奈須正裕氏、藤井千春氏に深く感謝申し上げます。そして、出版事情が必ずしも芳しいとは言えないこのご時世にあって、本書刊行の趣旨にご賛同いただき、驚くほど遅々として進まぬ編集工程に辛抱強くおつき合いくださり、多大なるご支援もくださった教育出版の阪口建吾氏にも厚く御礼申し上げたい。

2017年9月

編著者の一人として

藤本　和久

「授業研究」を創る
―――教師が学びあう学校を実現するために―――

2017年10月17日　第1刷発行

編著者	鹿毛雅治　藤本和久
著　者	秋田喜代美／大島　崇／木原俊行／小林宏己 田上　哲／田村　学／奈須正裕／藤井千春
発行者	山﨑　富士雄
発行所	教育出版株式会社 〒101-0051　東京都千代田区神田神保町2-10 電話 03-3238-6965　振替 00190-1-107340

©M. Kage／K. Fujimoto 2017
Printed in Japan
落丁・乱丁はお取替いたします。

組版　ピーアンドエー
印刷　モリモト印刷
製本　上島製本

ISBN978-4-316-80403-3　C3037